단단한 나를 만드는
100일 영어 필사

단단한 나를 만드는 100일 영어 필사

1판 1쇄 인쇄 2025년 2월 14일
1판 1쇄 발행 2025년 2월 20일

—

지은이 전은희

—

펴낸이 김은중
편집 허선영 디자인 김순수
펴낸곳 가위바위보
출판 등록 2020년 11월 17일 제 2020-000316호
주소 경기도 부천시 소향로 25, 511호 (우편번호 14544)
전화 070-4242-5011 팩스 02-6008-5011 전자우편 gbbbooks@naver.com
네이버블로그 gbbbooks 인스타그램 gbbbooks 페이스북 gbbbooks

—

ISBN 979-11-92156-41-5 13740

가위바위보 출판사는 나답게 만드는 책, 그리고 다답게 즐기는 책을 만듭니다.

단단한 나를 만드는
100일 영어 필사

전은희 지음

GBB 가위바위보

'초급 학습자를 위한 영어 필사책은 없을까?'

이 책은 바로 이 질문에서 시작되었습니다. 영어 공부를 시작하고 싶지만, 어디서 부터 어떻게 해야 할지 고민하는 경우가 많습니다. 이 책은 초급 학습자의 눈높이 에 맞춘 주요 문장과 문장 연습으로, 쉽게 필사하면서 자연스럽게 영어 실력을 키 울 수 있도록 구성했습니다. 초급 학습 단계에서는 언어의 단어, 문법 구조, 표현 등을 익히기 위해 듣기, 읽기를 통한 언어 자극, 즉 입력(input)을 꾸준하게 하는 것이 가장 중요합니다. 이 책을 만난 오늘이, 단단한 영어 실력을 위한 필사의 첫 번째 날이 되면 좋겠습니다.

'영어 교육의 노하우를 담은 필사책은 없을까?'

이 책은 유치원생부터 시니어까지 다양한 연령에서 효과가 있었던 교재 제작 경 험을 바탕으로 만들어졌습니다. 교육 현장에서 얻은 경험을 살려, 실제 수업에서 학습 효과를 거둘 수 있는 길이감과 난이도에 맞추어 문장을 만들었습니다. 20일 마다 바뀌는 5개 챕터의 키워드, 매일 다른 주제의 본문은 4개 또는 5개의 문장으 로 이루어져 있으며, 영작이나 실생활에서 사용할 수 있는 내용을 담고 있습니다. 문장 패턴이 담긴 문장 연습을 통해, 한두 번 쓰고 마는 필사가 아닌 영작과 말하 기로 이어질 수 있는 필사책이 될 것입니다.

'용기, 실천, 성장, 강인함, 비전의 5단계를 통한 단단한 100일 필사'

이 책은 5개의 챕터로 이루어져 있습니다.

1장 새로운 시작과 함께하는 '용기를 위한 문장'

2장 견고한 노력을 쌓아가는 '실천을 위한 문장'

3장 지속적인 발전을 향해 나아가는 '성장을 위한 문장'

4장 지혜로운 극복 뒤에 찾아올 '강인함을 위한 문장'

5장 명확한 목표를 이뤄줄 '비전을 위한 문장'

이 책은 5가지의 소중한 가치를 꾸준한 영어 습관으로 만들어, 자신만의 비전을 향해 나아가도록 응원합니다.

짧은 문장 하나, 작은 단어 하나가 깊이 뿌리를 내리고, 그 뿌리에서 꽃을 피우는 것은 바로 여러분의 지속적인 노력 덕분일 것입니다.

이 책이 독자분들에게, 보고 싶을 때면 언제든 만날 수 있는 편한 친구 같기를 바랍니다. 필사하는 동안에는 스스로에 대한 사랑과 확신이 번져가길 바라고, 100일 이후에도 책장 속에 오래오래 두고 자주 꺼내보며 계속해서 함께 말하고 쓰는 친구가 되길 소망합니다.

때로는 부러지고 휘어도 마르지 않는 펜처럼,
언제까지나 계속될 당신만의 문장을 위해

전은희

1. 초급자를 위한 기초 영어 쓰기 교재

바쁜 일상에서도 짧은 시간 동안 눈으로 읽기, 듣기, 소리내어 읽기(낭독), 쓰기를 모두 할 수 있습니다. 영어 학습에서 중요한 4가지 영역을 위한 학습 분량은 하루 단 1장이면 됩니다.

'어렵지 않은, 머릿속에 남는 기초 문장' 매일 새로운 주제에 대한, 4~5개 문장으로 이루어진 본문과 그 속의 주요 문장 그리고 이를 활용한 문장 연습 3개를 간결한 텍스트로 제시했습니다.

2. 100일간 지속해도 지루하지 않은 필사

초급 레벨에서는 적당량을 학습하고, 이후 충분하게 복습하는 것이 실력 향상을 위한 핵심입니다. 시간 여유가 될 때는 복습을 위한 영상 자료와 부가 자료를 활용해 주세요.

'반복적이고 효과적인 복습 방법 제시' 이 책을 위한 음원, 영상과 다양한 부록은 인스타그램, 유튜브와 네이버 블로그(@writerof10)에서 확인할 수 있습니다.

3. 교육 경험에 기반한 실용적인 기초 영어 문장

성장과 비전을 위해 더욱 단단해지는 마음을 담은 문장을 수록했습니다. 하루하루 성장하는 독자분들의 기록을 100일 동안 채워 보세요.

'**영어 공부의 생명, 꾸준함**' 쓰기는 공부 기록을 바로 확인하고, 말하기를 위한 준비에도 효율적인 영어 학습법입니다. 쓰기에서 가장 중요한 것은 지속성입니다. 용기, 실천, 성장, 강인함, 비전 총 5개의 챕터에 담긴 키워드로 쓰기 습관을 만들어 보세요.

《단단한 나를 만드는 100일 영어 필사》를 이렇게 활용해 보세요.

1단계 본문 소리내어 낭독해 보세요!

먼저 눈으로 본문을 읽어 주세요. 그런 다음 음원을 들으며 곧바로 따라 읽어보세요. '그림자'라는 의미를 가진 '섀도잉' 학습 방법입니다. 음원 자료뿐 아니라 본인의 목소리로 필사 내용을 들으면 더 기억에 오래 남을 것입니다.

2단계 주요 문장 주요 문장과 어휘를 확인해 주세요!

본문 속에서 문장 연습과 동일한 패턴이 사용된 주요 문장을 찾아보세요. 교재 왼쪽 페이지 하단에 있는 어휘 뜻풀이를 참고해 주세요. 헷갈리는 단어의 뜻을 부가적으로 기록해도 좋습니다.

3단계 필사 영어 실력도, 마음도 단단해지도록 주요 문장을 필사해 보세요!

음원 자료를 반복해 들으면서 필사하는 방법을 추천합니다. 또는 좋아하는 노래를 듣거나, 내면의 목소리에 집중하면서 자신만을 위한 시간을 만끽해 주세요.

4단계 문장 연습 문장 연습과 해석을 읽어 보세요!

필사 공간에 문장 연습의 예문을 필사해도 좋습니다.

5단계 영작 문장 연습의 패턴을 활용해 영작해 보세요!

하이라이트된 문장 패턴으로 독자 여러분만의 영작에도 도전해 보세요.

1장

용기를 위한 문장

START 시작

This book supports your decision to start English writing practice.

How about setting specific goals for your writing practice?

First, set your own learning frequency, such as twice or three times a week.

Second, decide how much time to dedicate each day, like 15 or 20 minutes.

Third, choose your own place to practice, like a tea table or a desk.

이 책은 당신의 영어 필사 시작을 지지합니다.

필사를 위한 구체적인 목표를 설정해 보는 건 어떨까요?

첫 번째, 주 2회 또는 주 3회와 같이 당신만의 학습 빈도수를 정하세요.

두 번째, 15분 또는 20분과 같이 하루 중 필사에 할애할 시간을 정하세요.

세 번째, 티 테이블이나 책상처럼 연습할 자리를 선택하세요.

★ **support** 지지하다　**set** 확립하다　**frequency** 주기, 빈도수

★★ 문장 연습 ★★

1) How about **starting your day with a gratitude journal?**
하루를 감사 일기로 시작하는 건 어떨까요?

2) How about **practicing with a summary of a book?**
책 요약 쓰기를 연습하는 건 어떨까요?

3) How about **preparing for the project by brainstorming?**
브레인스토밍을 통해 프로젝트를 준비하면 어떨까요?

Potential 잠재력

When you decide to dive into a wave of potential,

you are filled with courage toward your goals.

There is no longer time to hesitate.

Courage empowers you to move toward opportunities.

A new wave is coming, one that will help you

discover a better version of yourself.

잠재력의 해일에 뛰어들기로 결심할 때,

당신은 목표를 향한 용기로 가득 차게 됩니다.

더 이상 주저할 시간은 없습니다.

용기는 당신이 기회를 향해 나아가도록 합니다.

더 나은 당신을 발견하게 해줄 새로운 물결이 다가오고 있습니다.

★ potential 잠재력　empower 능력을 강화하다　discover 발견하다

★★ 문장 연습 ★★

1) **You** are filled with **confidence toward your goals.**
당신은 목표를 향한 자신감으로 가득 차게 됩니다.

2) **She** is filled with **positivity toward her goals.**
그녀는 목표를 향한 긍정적인 마음으로 가득 차게 됩니다.

3) **They** are filled with **passion toward their goals.**
그들은 목표를 향한 열정으로 가득 차게 됩니다.

Writing instruments 필기구

What do you prefer to use for transcription: a pencil or a pen?

Do you have any other favorite writing instruments?

Using your favorite tool will help you focus better and write more effectively.

The right tool can inspire creativity

and make the writing process more enjoyable.

연필과 펜 중 어느 것으로 필사하는 것을 좋아하나요?

선호하는 다른 필기구가 있나요?

좋아하는 필기구를 사용하면 더 높은 집중력으로, 더 효율적으로 쓸 수 있습니다.

적절한 도구는 창의력에 영감을 주고

필기 과정을 더욱 즐겁게 만들어 줄 수 있습니다.

★ writing instruments 필기구   effectively 효율적으로   process 과정

14

★★ 문장 연습 ★★

1) What do you prefer to use for taking notes: a notebook or phone notes?
노트와 휴대폰 메모 중 어느 것으로 메모하는 것을 더 좋아하나요?

2) What do you prefer to use for drawing: colored pencils or markers?
색연필과 마커 중 어느 것으로 그리는 것을 더 좋아하나요?

3) What do you prefer to use for cooking: a pot or a frying pan?
냄비와 후라이팬 중 어느 것으로 요리하는 것을 더 좋아하나요?

Courage 용기

When we confront our fears, courage is born.

Courage is not defined by the lack of fear,

but by the willingness to move forward despite it.

In every act of bravery, we can discover our inner

strength.

We are striving for positive change.

두려움에 맞설 때 용기는 탄생합니다.

용기는 두려움이 없는 것이 아니라,

그럼에도 불구하고 앞으로 나아가는 의지입니다.

모든 용기 있는 행동에서 우리는 내면의 힘을 발견할 수 있습니다.

우리는 긍정적인 변화를 위해 노력하고 있습니다.

★ confront 맞서다, 대면하다　willingness 의지　strive for ~를 얻으려고 노력하다

★★ 문장 연습 ★★

1) In every challenge, we can find our strength.
모든 도전에서 우리는 힘을 찾을 수 있습니다.

2) In every experience of struggle, we can discover our resilience.
모든 고난의 경험에서 우리는 회복 탄력성을 발견할 수 있습니다.

3) In every experience of failure, we can learn valuable lessons.
모든 실패 경험에서 우리는 귀중한 교훈을 배울 수 있습니다.

Motivation 동기

The voice of courage keeps me from giving up.

It is the voice that motivates me to keep going.

Even after failure, I will try again the next day.

As I fill this book, learning from each experience,

I will focus on my goals and put in effort.

용기의 목소리는 나를 포기하지 않도록 해줍니다.

그것은 나를 계속 나아가게 하는 동기입니다.

실패 후에도, 나는 다음 날이면 다시 시도할 것입니다.

이 책을 채워가며, 매 경험에서 배우고,

나의 목표에 집중해 노력을 기울일 것입니다.

★ **give up** 포기하다　**motivate** 동기를 부여하다　**effort** 노력

★★ 문장 연습 ★★

1) Even after failure, I will **keep believing in myself.**
실패 후에도 나 자신을 계속 믿을 것입니다.

2) Even after failure, I will **learn from my mistakes.**
실패 후에도 나는 실수로부터 배울 것입니다.

3) Even after failure, I will **rise again.**
실패 후에도 나는 다시 일어설 것입니다.

Rhythm 리듬

By following routines that include a English writing,

I will find my own rhythm.

When I face difficulties while approaching my goals,

I can adjust my routines as needed.

Following my rhythm, I will steadily move forward.

영어 필사를 포함한 루틴들을 지키다 보면
나만의 리듬을 찾을 것입니다.
목표에 다가가며 어려움을 겪을 때에는
필요에 따라 루틴을 조정할 수도 있습니다.
나의 리듬을 따라 꾸준히 나아갈 것입니다.

★ habit 습관 face 직면하다 adjust 조정하다

★★ 문장 연습 ★★

1) I can adjust **my strategies as needed.**
   필요에 따라 전략을 조정할 수 있습니다.

2) I can adjust **my schedule as needed.**
   필요에 따라 일정을 조정할 수 있습니다.

3) I can adjust **my priorities as needed.**
   필요에 따라 우선순위를 조정할 수 있습니다.

Transcription 필사

When you transcribe, check the meanings of words you don't know, and organize any that are confusing. Listen to the audio and focus on how unfamiliar words are pronounced.

Transcribing after listening will help you understand the message more clearly.

필사할 때 모르는 단어의 뜻을 확인하고, 헷갈리는 단어는 정리하세요.
음원을 듣고 익숙하지 않은 단어의 발음에 주목하세요.
듣기를 한 후에 필사하면 문장의 메시지를 더 명확하게 이해하게 됩니다.

★ transcribe 필사하다   organize 정리하다   unfamiliar 익숙하지 않은

★★ 문장 연습 ★★

1) Listen to the audio and focus on the examples provided.
   음원을 듣고 제공된 예시에 집중하세요.

2) Listen to the audio and focus on the key words.
   음원을 듣고 주요 단어에 집중하세요.

3) Listen to the audio and focus on the speaker's tone.
   음원을 듣고 화자의 어조에 집중하세요.

Goals 목표

Let courage guide you toward the goals that are not yet visible.

Even when the way is uncertain, trust in the strength within you to move forward.

Courage will use vulnerability as a springboard, and it will point you toward the dreams that await you.

용기가 아직은 보이지 않는 목표를 향하도록 하세요.
길이 불확실할 때에도, 당신 안의 힘을 믿고 나아가세요.
용기는 취약성조차 도약을 발판으로 삼아, 당신을 기다리고 있는 꿈을 향해
나아가게 할 것입니다.

★ visible 눈에 보이는   vulnerability 취약성   springboard 발판

★★ 문장 연습 ★★

1) Let **courage** guide you to **unseen opportunities.**
   용기가 보이지 않는 기회를 향하도록 하세요.

2) Let **courage** guide you to **overcome your fears.**
   용기가 두려움을 극복하도록 하세요.

3) Let **courage** guide you to **embrace new possibilities.**
   용기가 새로운 가능성을 포용하도록 하세요.

Choice 선택

It is very important to make careful choices aligned with your goals.

In the moments of important decisions that come to everyone, you must discern what the best choice is for yourself.

These choices teach you valuable lessons about what you are truly capable of.

목표에 맞는 신중한 선택을 하는 것은 매우 중요합니다.
누구에게나 찾아오는 중요한 결정의 순간들 속에서
당신을 위한 최상의 선택을 분별해야 합니다.
이 선택들은 당신이 진정으로 무엇을 할 수 있는지에 대한 귀중한 교훈을 줄 것입니다.

★ discern 분별하다   valuable 귀중한   be capable of ~를 할 수 있다

★★ 문장 연습 ★★

1) It is important to **set clear priorities that reflect your values.**
당신의 가치관을 반영하는 명확한 우선순위를 설정하는 것이 중요합니다.

2) It is important to **choose opportunities that align with your career goals.**
경력 목표와 일치하는 기회를 선택하는 것이 매우 중요합니다.

3) It is important to **choose plans that support your long-term vision.**
장기적인 비전을 지원하는 행동을 선택하는 것이 중요합니다.

Seeds 씨앗

Plant your seeds through any storms.

Courage is also a necessary fertilizer.

You must maintain balance as you grow strong.

Too much sunlight or nutrients can be harmful.

Remember to nourish yourself wisely.

어떠한 비바람 속에서도 씨앗을 뿌리세요.

용기라는 거름도 필요합니다.

당신은 강하게 성장하면서도 균형을 유지해야 합니다.

지나치게 많은 햇볕이나 양분은 해로울 수 있기 때문입니다.

현명하게 자신을 돌보는 것도 잊지 마세요.

★ fertilizer 거름　maintain 유지하다　nourish 영양분을 공급하다, 키우다

★★ 문장 연습 ★★

1) Remember to **plan healthy meals for high performance.**
   높은 성과를 위해 건강한 식단을 계획하는 것을 잊지 마세요.

2) Remember to **schedule regular exercise to keep your mind focused.**
   집중력을 높이기 위해 정기적으로 운동하는 것을 잊지 마세요.

3) Remember to **manage your time effectively to avoid burnout.**
   번아웃을 피하기 위해 시간을 효과적으로 관리하는 것을 잊지 마세요.

Triumph 승리

I learned that courage was not the absence of fear,
but the triumph over it.
The brave man is not he who does not feel afraid,
but he who conquers that fear.

_ Nelson Mandela

용기란 두려움이 없는 것이 아니라,
두려움을 이기는 것임을 배웠습니다.
용감한 사람은 두려움을 느끼지 않는 사람이 아니라
바로 그 두려움을 정복하는 사람입니다.
_ 넬슨 만델라 (남아프리카공화국 전 대통령)

★ absence 부재, 결핍   triumph 승리   conquer 정복하다

★★ 문장 연습 ★★

1) **The brave person** is the one who **takes risks.**
   용감한 사람은 위험을 감수합니다.

2) **The brave person** is the one who **rises after falling.**
   용감한 사람은 넘어져도 일어납니다.

3) **The brave person** is the one who **struggles.**
   용감한 사람은 고군분투합니다.

Determination 결심

The journey of a thousand miles begins with a single step.

It is not just about where you start,

but the determination and commitment you bring to each step along the way.

_ Lao Tzu

천 리 길도 한 걸음부터 시작합니다.
시작하는 장소가 중요한 것이 아니라,
그 길에서의 각 걸음에 대한 결단력과
헌신이 중요합니다.

_ 노자(중국 철학자)

★ **journey** 여정   **determination** 투지, 결단력   **commitment** 헌신, 전념

★★ 문장 연습 ★★

1) The journey begins with **curiosity and an open mind.**
여정은 호기심과 열린 마음에서 시작됩니다.

2) The journey begins with **accepting where you are now.**
여정은 현재 자신이 있는 자리를 받아들이는 것에서 시작됩니다.

3) The journey begins with **recognizing the possibilities ahead.**
여정은 앞에 있는 가능성을 인식하는 것에서 시작됩니다.

Conscience 양심

I love those who can smile in trouble,

who can gather strength from distress and grow

brave through reflection.

It is the business of little minds to shrink,

but those whose hearts are strong and whose

consciences approve their actions will pursue their

principles unto death.

_ Leonardo da Vinci

나는 어려움 속에서도 웃을 수 있는 사람들을 좋아합니다.

고통 속에서도 힘을 모으고, 반성을 통해 용기를 키우는 사람들입니다.

작은 마음을 가진 사람들은 움츠러들기 마련이지만

마음이 굳건하고 양심이 자신의 행동을 인정하는 사람들은

죽음에 이르기까지 자신의 원칙을 지킬 것입니다.

_ 레오나르도 다 빈치(이탈리아 과학자)

★ gather 모으다   distress 곤경, 괴로움   pursue 추구하다

★★ 문장 연습 ★★

1) I love those who can **think clearly in trouble.**
나는 어려움 속에서도 명확하게 생각할 수 있는 사람들을 좋아합니다.

2) I love those who can **solve problems in trouble.**
나는 어려움 속에서도 문제를 해결할 수 있는 사람들을 좋아합니다.

3) I love those who can **stay calm in trouble.**
나는 어려움 속에서도 침착함을 유지할 수 있는 사람들을 좋아합니다.

Happiness 행복

Success is not final, failure is not fatal: It is the
courage to continue that counts.
It is not enough to have lived.
We should be determined to live for something.
May I suggest that it be happiness?
It is not what we have, but what we enjoy,
that constitutes our abundance.

_ Winston Churchill

성공이 끝이 아니고, 실패가 치명적이지 않다는 것은, 계속할 용기가 중요하다는 뜻입니다.
그저 살아온 것만으로는 충분하지 않습니다.
우리는 어떠한 목표를 가지고 살아가야 합니다.
행복을 추구하는 것은 어떨까요?
우리가 소유한 것이 아니라, 우리가 누리는 것이 진정한 풍요를 이룹니다.
_ 윈스턴 처칠(영국 전 수상)

★ fatal 치명적인   constitute ~를 구성하다   abundance 풍요

★★ 문장 연습 ★★

1) We should be determined to live for meaningful relationships.
우리는 의미 있는 관계를 위해 살아가기로 결심해야 합니다.

2) We should be determined to live for our passions.
우리는 우리의 열정을 위해 살아가기로 결심해야 합니다.

3) We should be determined to live for continuous growth.
우리는 지속적인 성장을 위해 살아가기로 결심해야 합니다.

Time 시간

Life is not a dress rehearsal— this is probably it.

Time is extremely limited and goes by fast.

Do what makes you happy and fulfilled.

Few people get remembered hundreds of years after

they die anyway.

_ Sam Altman

인생은 드레스 리허설이 아닙니다. 아마도 그렇습니다.

시간은 매우 제한적이고 빠르게 흘러갑니다.

당신을 행복하고 만족스럽게 만드는 일을 하세요.

죽은 지 수백 년이 지난 후에 기억되는 사람은 거의 없습니다.

_ 샘 알트만(미국 기업인, OPEN AI CEO)

★ **probably** 아마도　**extremely** 매우　**fulfilled** 성취감을 느끼는

★★ 문장 연습 ★★

1) Do what makes you proud of yourself.
   자신을 자랑스럽게 만드는 일을 하세요.

2) Do what makes you feel alive.
   자신이 살아있다고 느끼는 일을 하세요.

3) Do what makes you excited for tomorrow.
   내일을 기대하게 하는 일을 하세요.

Opportunity 기회

You have to be more brave than others.

To everybody, to any person, tomorrow is new.

When you're optimistic, there's always opportunity.

The opportunity always lies where people complain.

_ Jack Ma

당신은 다른 사람들보다 더 용감해져야 합니다
모든 사람에게 내일은 새로운 날입니다.
당신이 긍정적일 때, 항상 기회가 있습니다.
기회는 항상 사람들이 불평하는 곳에 존재합니다.

_ 마윈(중국 기업인)

★ optimistic 긍정적인   lie 놓여있다   complain 불평하다

★★ 문장 연습 ★★

1) When you're optimistic, there's always potential for change.
당신이 긍정적일 때, 항상 변화를 위한 잠재력이 있을 것입니다.

2) When you're optimistic, there's always a way to improve.
당신이 긍정적일 때, 항상 발전할 방법이 있을 것입니다.

3) When you're optimistic, there's always a chance to overcome challenges.
당신이 긍정적일 때, 항상 도전을 극복할 기회가 있을 것입니다.

Future 미래

Prepare for the future. Make your own future.

Don't worry about the things the other people worry about.

Worry about the things you worry about.

Think about how you make things different.

And then start.

_ Jack Ma

미래에 대해 준비하세요. 당신만의 미래를 만드세요.

다른 사람들이 걱정하는 것에 대해 걱정하지 마세요.

당신이 걱정하는 것들에 대해 걱정하세요.

당신이 어떻게 변화를 일으킬 수 있을지에 대해 생각하세요.

그리고 시작하세요.

_ 마윈(중국 기업인)

★ prepare 준비하다   own 자신의   other 다른

★★ 문장 연습 ★★

1) Think about how you can **improve teamwork in your office.**
   사무실에서 팀워크를 어떻게 개선할 수 있을지 생각해 보세요.

2) Think about how you can **bring innovation to your projects.**
   프로젝트에 혁신을 어떻게 가져올 수 있을지 생각해 보세요.

3) Think about how you can **enhance customer service in your business.**
   비즈니스에서 고객 서비스를 어떻게 향상시킬 수 있을지 생각해 보세요.

Trust 신뢰

If you want it, you can fly,

you just have to trust you a lot.

The only thing you have in your life is time.

If you invest that time in yourself to have

great experiences that are going to enrich you,

then you can't possibly lose.

_ Steve Jobs

당신이 원한다면 당신은 날아오를 수 있고,

단지 스스로를 많이 믿어야 합니다.

인생에서 당신이 가지고 있는 유일한 것은 바로 시간입니다.

그 시간을 자신에게 투자해 자신을 풍요롭게 해줄 좋은 경험을 쌓는다면,

절대 지지 않을 것입니다.

_ 스티브 잡스(미국 기업인, 애플 창업자)

★ trust 신뢰, 신뢰하다   invest 투자하다   lose 잃다, 지다

★★ 문장 연습 ★★

1) You just have to trust **your time management skills when juggling multiple tasks.**
여러 가지 일을 동시에 처리할 때 자신의 시간 관리 능력을 믿어야 합니다.

2) You just have to trust **your creativity when brainstorming ideas.**
아이디어를 구상할 때 자신의 창의력을 믿어야 합니다.

3) You just have to trust **your instincts when making decisions.**
결정을 내릴 때 자신의 직감을 믿어야 합니다.

Calling 소명

Forget about the fast lane.

If you really want to fly, just harness your power to your passion.

Honor your calling. Everyone has one.

Trust your heart and success will come to you.

If it feels right, move forward.

If it doesn't feel right, don't do it.

_ Oprah Winfrey

빠른 길은 잊으세요.

진정으로 날고 싶다면, 당신의 힘을 열정에 연결하세요.

당신의 소명을 존중하세요. 모든 사람에게 소명이 있습니다.

당신의 마음을 믿으세요, 그러면 성공이 올 것입니다.

옳다고 느낀다면, 앞으로 나아가세요.

옳지 않다고 느낀다면, 하지 마세요.

_ 오프라 윈프리(미국 방송인)

★ **lane** 길, 차선   **passion** 열정   **calling** 소명, 천직

★★ 문장 연습 ★★

1) Forget about **perfection and just do your best.**
완벽을 잊고 최선을 다하세요.

2) Forget about **the past and focus on the present moment.**
과거는 잊고 현재에 집중하세요.

3) Forget about **comparison and appreciate your unique journey.**
비교는 잊고 자신의 독특한 여정을 감사히 여기세요.

Lesson 교훈

Now I want to talk a little bit about failings,

because nobody's journey is seamless or smooth.

We all stumble. We all have setbacks.

It's just life's way of saying time to change course.

So ask every failure. This is what I do.

Every failure, every crisis, every difficult time, I say

what is this here to teach me?

And as soon as you get the lesson, you get to move on.

_ Oprah Winfrey

이제 실패에 대해 조금 이야기하고 싶습니다.

누구의 여정도 매끄럽거나 순탄하지 않기 때문입니다.

우리는 모두 비틀거리고, 고난을 겪습니다.

그건 바로 삶이 방향을 바꿀 때가 되었다고 말하는 방법입니다.

그러니 모든 실패에 대해 물어보세요. 이것이 내가 하는 일입니다.

모든 실패와 위기, 힘든 시간에 대해 나는 이렇게 말합니다.

"이것은 나에게 무엇을 가르치기 위해 있는가?"

교훈을 배우면, 당신은 나아갈 수 있습니다.

_ 오프라 윈프리(미국 방송인)

★ **smooth** 매끄러운   **stumble** 휘청거리다, 발에 걸리다   **lesson** 교훈

★★ 문장 연습 ★★

1) Now I want to talk about **our language partners.**
이제 우리의 언어 파트너에 대해 이야기하고 싶습니다.

2) Now I want to talk about **books that helped us read better.**
이제 독해에 도움이 된 책들에 대해 이야기하고 싶습니다.

3) Now I want to talk about **songs that improved our listening.**
이제 듣기 실력을 향상시킨 노래에 대해 이야기하고 싶습니다.

● 알아두면 써먹기 좋은 영어교양 + 상식 ●

길이와 빈도를 나타내는
영어 단어와 관련된 재밌는 이야기들

1. 영어에서 가장 오래된 단어는?

영어에서 가장 오래된 단어 중 일부는 'I'와 'We'이다.

이들은 고대 영어에서부터 사용되어 왔으며, 지금도 여전히 사용되고 있다.

2. 영어에서 가장 긴 단어는?

바로 pneumonoultramicroscopicsilicovolcanoconiosis이다. 이 단어는
실리카 먼지로 인한 폐 질환을 뜻하는 의학 용어로, 총 45글자에 달한다.

3. 영어에서 가장 많이 사용되는 단어는?

특정한 사물이나 사람을 지칭하는 정관사 'the'이다.

명사 앞에 오는 관사의 사용은 영어에서 중요하다.

4. 영어에서 가장 짧은 문장은?

'I am.'은 가장 짧은 길이의 영어 문장 중 하나이다.

주어와 동사만으로 완전한 의미를 전달한다.

5. 숫자 9가 들어가는 예방과 관련된 영어 표현은?

'A stitch in time saves nine.'은 직역하면 '한 번의 바느질이 아홉 번의 바느

질을 절약한다'는 뜻으로 작은 문제를 미리 해결하면 큰 문제를 예방할 수 있다는 교훈을 담고 있다.

6. 숫자 5가 들어가는 휴식과 관련된 영어 표현은?

'Take five'는 '5분 쉬다'라는 뜻으로, 잠깐 휴식을 취하자는 의미로 자주 사용된다. 영화 촬영장에서 잠깐 쉬는 시간을 뜻하는 용어에서 유래되었다.

7. 숫자 3이 들어가는 행운과 관련된 영어 표현은?

'Third time's the charm'은 '세 번째 시도에서 성공하다'는 뜻으로, 세 번째 시도가 운 좋게 성공한다는 의미이다. 주로 두 번의 실패 후 세 번째 시도에서 성공할 때 사용된다.

8. 숫자 7이 들어가는 행복과 관련된 영어 표현은?

'In seventh heaven'은 '아주 행복한, 극도로 기쁜'이라는 뜻이다. 영어에서 7은 행운을 상징하는 숫자이기도 하다.

9. Million이 들어가는 특별한 영어 표현은?

'One in a million'은 '백만 중의 하나'로 해석되며, 매우 드물고 특별하다는 의미로, 주로 사람을 칭찬할 때 사용된다.

2장

실천을 위한 문장

Listening 듣기

In basic English study, listening is the most important skill.

Listen to the entire audio at least once.

Repeating the audio while transcribing it is a good method.

The shadowing method, where you listen to the audio and repeat it aloud immediately, is also recommended.

This way, you can learn more sentences on your own.

기초 영어 공부에서는 듣기가 가장 중요합니다.
최소 한 번은 전체 음원을 먼저 들으세요.
필사를 하는 동안 음원을 여러 번 반복해서 듣는 것도 좋은 방법입니다.
음원을 들음과 동시에 바로 따라하는 섀도잉 방법도 추천합니다.
이렇게 하면 더 많은 문장들을 당신의 것으로 습득할 수 있습니다.

★ **entire** 전체의 **at least** 적어도, 최소한 **immediately** 바로

★★ 문장 연습 ★★

1) In basic English study, listening to native speakers is the most important.
기초 영어 공부에서는 원어민의 발음을 듣는 것이 가장 중요합니다.

2) In basic English study, reviewing your transcriptions is the most important.
기초 영어 공부에서는 필사를 복습하는 것이 가장 중요합니다.

3) In basic English study, expanding your vocabulary is the most important.
기초 영어 공부에서는 어휘를 늘리는 것이 가장 중요합니다.

Strength 강점

Identify your unique strength and take the time to fully understand what makes it special.

Set goals to enhance those strengths.

Plan the actions to achieve those goals.

Make your values shine brighter through specific actions.

자신의 고유한 강점을 파악하고,

그것이 특별한 이유를 완전히 이해하는 데 시간을 투자하세요.

그 강점을 강화하기 위한 목표를 세우세요.

그 목표를 달성할 행동들을 계획하세요.

구체적인 행동을 통해 당신의 가치를 더 빛나게 하세요.

★ unique 특별한, 고유의   value 가치   specific 구체적인

★★ 문장 연습 ★★

1) Make shine your values shine brighter through **consistent effort**.
꾸준한 노력을 통해 당신의 가치를 빛나게 하세요.

2) Make shine your values shine brighter through **focused practice**.
집중적인 연습을 통해 당신의 가치를 빛나게 하세요.

3) Make shine your values shine brighter through **resilient determination**.
회복력 있는 결단력으로 당신의 가치를 빛나게 하세요.

Routine 루틴

Try to create a daily routine that suits you.

Keep yourself on track by using reminders like

a planner or an alarm.

Check your progress with tools like a calendar

or a notebook.

This way, you can identify what works best for you

and make necessary changes to stay on target.

당신에게 맞는 일상적인 루틴을 만드세요.

플래너와 알람 같은 도구를 사용해 계획을 지키세요.

진행 상황을 달력이나 노트로 확인하세요.

이렇게 하면 자신에게 가장 잘 맞는 방법을 파악하고

목표를 유지하기 위해 필요한 변화를 줄 수 있습니다.

★ suit ~에게 맞다   on track 진행되고 있는   task 일, 과제, 과업

★★ 문장 연습 ★★

1) Check your progress with **tools like a reading log.**
독서 기록지를 사용해 독서 진행 상황을 확인하세요.

2) Check your progress with **tools like a checklist or a review board.**
체크리스트나 리뷰 보드를 사용해 업무 진행 상황을 확인하세요.

3) Check your progress with **tools like a spreadsheet.**
스프레드시트를 사용해 재정 상황을 점검하세요.

Effort 노력

Prepare good soil, sufficient air, and the right
temperature.

Our dreams must reach for the sky.

Just as seeds need sunlight and water to grow,

consistent action is essential for our growth and

development.

Nurture your small efforts so that your dreams can

bloom.

좋은 토양, 충분한 공기, 그리고 적절한 온도를 마련하세요.
우리의 꿈은 지상으로 나아가야 합니다.
씨앗이 자라기 위해 햇빛과 물이 필요하듯,
꾸준한 실천은 우리의 성장과 발전에 꼭 필요합니다.
작은 노력들을 모아 당신의 꿈이 꽃필 수 있게 해주세요.

★ reach 도달하다   temperature 온도   nurture 살피다, 기르다

★★ 문장 연습 ★★

1) Prepare a budget for your upcoming project.
다가오는 프로젝트를 위해 예산을 준비하세요.

2) Prepare materials for the meeting.
회의를 위해 자료를 준비하세요.

3) Prepare a healthy meal to boost your energy.
더 나은 에너지를 위해 건강한 식사를 준비하세요.

Language 언어

Learning a language is a process that requires a constant habit.

Through repetitive practice, you can master vocabulary and grammar.

Consistency boosts your confidence in the language.

The more you practice and use the language, the less fear you feel, allowing for easier communication in real situations.

언어 학습은 지속적인 습관이 필요한 과정입니다.
반복적인 연습을 통해 어휘와 문법을 익힐 수 있습니다.
꾸준함은 언어에 대한 자신감을 높여줍니다.
자주 연습하고 사용하는 만큼 두려움이 줄어들고,
실제 상황에서 더 쉽게 소통할 수 있습니다.

★ repetitive 반복적인   confidence 자신감   situation 상황

★★ 문장 연습 ★★

1) Learning a language is a process that requires time.
언어를 배우는 것은 시간이 걸리는 과정입니다.

2) Learning a language is a process that requires curiosity.
언어를 배우는 것은 호기심이 필요한 과정입니다.

3) Learning a language is a process that requires consistency.
언어를 배우는 것은 꾸준함이 필요한 과정입니다.

Sprout 새싹

Practice brings life to our existence,

like a sprout with fresh colors and shapes.

In the struggle with challenges,

you will reveal your true colors.

It will be special as it is.

Sprout your beautiful and strong self.

실천은 싱그러운 색과 형태를 가진 새싹처럼 삶을 생동감 있게 해줍니다.

어려움에 맞서 노력하는 과정에서,

당신의 진정한 색이 드러날 것입니다.

본연의 색 그 자체로 특별할 것입니다.

아름답고 강인한 자신을 키워가세요.

★ existence 존재   sprout 싹트다, 자라나다   struggle 노력, 고군분투

Date.   .   .   .

★★ 문장 연습 ★★

1) Sprout your **wisdom by staying curious and open-minded.**
   호기심과 열린 마음으로 지혜를 키워가세요.

2) Sprout your **strength by building positive habits.**
   긍정적인 습관을 쌓으며 강인함을 키워가세요.

3) Sprout your **passion by pursuing what excites you.**
   당신을 열광하게 하는 일을 추구하며 열정을 키워가세요.

Day 27

Morning 아침

A morning routine is an effective way to strengthen your mind.

Start your day with stretching or light exercise to wake up your body.

You can also read something inspiring or write down your goals for the day.

These simple practices help you feel focused and prepared to handle any challenges that come your way.

아침 루틴은 마음을 단단하게 만드는 좋은 방법입니다.
하루를 시작할 때 스트레칭이나 가벼운 운동을 하며 몸을 깨워 보세요.
영감을 주는 글을 읽거나 하루의 목표를 적어보는 것도 좋은 방법입니다.
이러한 간단한 실천은 집중력을 높이고,
다가오는 어떤 도전에도 대처할 준비가 되도록 도와줍니다.

★ effective 효율적인　strenghten 강화시키다　focused 집중된

★★ 문장 연습 ★★

1) A morning routine is an effective way to develop healthy habits.
아침 루틴은 건강한 습관을 기르는 좋은 방법입니다.

2) A morning routine is an effective way to cultivate mindfulness.
아침 루틴은 마음챙김을 기르는 좋은 방법입니다.

3) A morning routine is an effective way to set a positive tone for the day.
아침 루틴은 하루를 긍정적인 분위기로 시작하는 좋은 방법입니다.

Methods 방법

Using various methods for transcription can be
beneficial for you.

It can be interesting to step out of your familiar places.

How about transcribing in new places like cafes or
libraries?

Drawing related pictures while transcribing might
also make the learning process more effective.

다양한 방법으로 필사하는 것은 당신에게 도움이 될 것입니다.

익숙한 장소를 벗어나는 것은 흥미로울 것입니다.

카페나 도서관 같은 새로운 곳에서 필사해 보는 건 어떨까요?

필사하면서 관련된 그림을 그리면 학습이 더 효과적일 수도 있습니다.

★ **beneficial** 유익한, 이로운 **familiar** 익숙한 **drawing** 그림

★★ 문장 연습 ★★

1) It can be **refreshing** to step out of your familiar places.
익숙한 장소를 벗어나는 것은 기분을 신선하게 해줍니다.

2) It can be **empowering** to step out of your familiar places.
익숙한 장소를 벗어나는 것은 자신감을 불어넣어 줍니다.

3) It can be **rewarding** to step out of your familiar places.
익숙한 장소를 벗어나는 것은 보람을 느끼게 해줍니다.

Evening 저녁

The evening time has advantages for English transcription.

First, you can reflect on your day.

Next, writing in the evening can make you feel more relaxed, which can enhance your creativity.

Finally, a consistent evening routine can help you end your day with a sense of accomplishment.

저녁 시간은 영어 필사하는 데 장점이 있습니다.

첫째, 하루를 되돌아볼 수 있습니다.

다음으로, 저녁에 글을 쓰면 마음이 편안해져 창의성이 높아질 수 있습니다.

마지막으로, 꾸준한 저녁 루틴은

성취감을 느끼며 하루를 마무리하는 데 도움이 됩니다.

★ reflect 숙고하다, 비추다   advantage 장점   accomplishment 성취감

★★ 문장 연습 ★★

1) The evening time has advantages for studying a new language.
저녁 시간은 새로운 언어를 공부하는 데 장점이 있습니다.

2) The evening time has advantages for planning the next day.
저녁 시간은 다음 날을 계획하는 데 장점이 있습니다.

3) The evening time has advantages for catching up with close friends.
저녁 시간은 가까운 친구들과 연락을 하는 데 장점이 있습니다.

Rewards 보상

You may find it difficult to maintain consistent transcription due to your busy daily life.

On days when you feel tired or pressed for time, your learning speed and focus may decline.

Reviewing previous dictations can also be very helpful in these moments.

Setting small rewards for your achievements can be a great way to stay motivated.

What kind of reward would you like to give yourself?

바쁜 일상으로 인해 꾸준하게 필사하는 것이 어려울 수도 있습니다.
피곤하거나 시간이 부족한 날에는 학습 속도나 집중력이 떨어질 수 있습니다.
이때, 지난 필사들을 복습하는 것도 충분히 도움이 됩니다.
자신만의 성취에 작은 보상을 주는 것은 동기 부여를 유지하는 좋은 방법입니다.
자신에게 어떤 보상을 주고 싶나요?

★ consistent 지속적인   pressed 압박을 받는   previous 이전의

★★ 문장 연습 ★★

1) What kind of **experience** would you like?
어떤 경험을 원하나요?

2) What kind of **challenge** would you like?
어떤 도전을 원하나요?

3) What kind of **opportunity** would you like?
어떤 기회를 원하나요?

Gratitude 감사

Gratitude shifts your perspective.

Seizing the one and only now is entirely in your hands.

Appreciate what you have in the present moment.

Put in the efforts you won't regret and keep practicing.

This mindset empowers you to confidently face the challenges you encounter along the way.

감사의 마음은 당신의 시각을 바꿉니다.

단 한 번뿐인 지금을 놓치지 않는 것은 전적으로 당신에게 달려 있습니다.

현재 주어진 것에 감사하세요.

후회 없을 만큼 노력하고 계속해서 노력하세요.

이런 마음가짐은 실천 중 마주하는 도전에 자신 있게 맞설 수 있도록 도와줍니다.

★ perspective 시각, 관점   seize 붙잡다   entirely 전적으로, 완전히

★★ 문장 연습 ★★

1) Appreciate what you can **give to others, no matter how little it seems.**
아무리 작은 것이라도 다른 사람에게 줄 수 있는 것에 감사하세요.

2) Appreciate what you've **learned so far.**
지금까지 배운 것에 감사하세요.

3) Appreciate what you can **do today.**
오늘 할 수 있는 일에 감사하세요.

Exercise 운동

Exercise boosts your health, mindset, and resilience.

If you want to achieve something,

regular movement is essential for self–discipline.

Find an exercise that suits you and make it a routine.

By training your body and mind through exercise,

you will improve your focus and calmness.

운동은 당신의 건강, 마인드셋, 회복력을 향상시킵니다.
무언가를 이루고자 한다면,
규칙적인 운동은 자기 훈련에 필수적입니다.
자신에게 맞는 운동을 찾아 꾸준한 루틴으로 만드세요.
운동을 통해 몸과 마음을 단련하면
집중력과 평정심에 도움이 될 것입니다.

★ regular 규칙적인   essential 필수적인   self-discipline 자기 훈련

★★ 문장 연습 ★★

1) Regular movement is essential for **developing mental resilience.**
규칙적인 운동은 정신적 회복력을 키우는 데 필수적입니다.

2) Regular movement is essential for **enhancing focus.**
규칙적인 운동은 집중력을 강화하는 데 필수적입니다.

3) Regular movement is essential for **managing stress and anxiety.**
규칙적인 운동은 스트레스와 불안을 관리하는 데 필수적입니다.

Focus 집중

Reducing distractions from various devices, especially your phone, can enhance productivity.

It will also create time for self-care, which can be used for hobbies, exercise, reading, and more.

Moreover, you can continue to focus on your goals, even when faced with setbacks and challenges.

각종 기기, 특히 휴대폰에서 오는 방해를 줄이면 생산성이 향상될 수 있습니다.
자기 관리를 위한 시간이 생기며,
그 시간은 취미 활동, 운동, 독서 등에 활용할 수 있습니다.
또한 좌절과 어려움에 직면하더라도 목표에 계속해서 집중할 수 있습니다.

★ distraction 방해   device 기기   productivity 생산성

★★ 문장 연습 ★★

1) You can develop resilience, even in the face of stress.
스트레스에서도 회복력을 키울 수 있습니다.

2) You can develop resilience, even in the face of uncertainty.
불확실성에서도 회복력을 키울 수 있습니다.

3) You can develop resilience, even in the face of adversity.
역경에서도 회복력을 키울 수 있습니다.

Cleaning 청소

Clean up a messy area in your home or office.

Start by sorting items into categories and removing anything you no longer need.

After you're done, take a moment to enjoy the tidy space.

Use this area to do something good for yourself, like reading a book or stretching.

집이나 사무실의 어지러운 공간을 정리해 보세요.
먼저 물건들을 분류한 후, 더 이상 필요 없는 것들은 치워주세요.
정리가 끝난 후, 깨끗해진 공간을 잠시 즐겨 보세요.
이 공간을 활용해 책을 읽거나 스트레칭과 같은 좋은 활동을 해보세요.

★ **messy** 지저분한   **sort** 분류하다   **remove** 없애다

★★ 문장 연습 ★★

1) Clean up your digital files regularly to avoid unnecessary confusion.
불필요한 혼란을 피하려면 디지털 파일을 정기적으로 정리하세요.

2) Clean up your email inbox.
이메일함을 정리하세요.

3) Clean up your computer's desktop.
컴퓨터 바탕화면을 정리하세요.

Health 건강

What you need most for steady progress is health management.

This includes a balanced diet with fruits, vegetables, and whole grains that provides essential nutrients.

Protein is especially beneficial for muscle recovery and maintaining strength.

Don't forget to stay hydrated to enhance your energy and focus.

꾸준히 전진하기 위해 가장 필요한 것은 건강 관리입니다.

여기에는 필수 영양소를 제공하는 과일, 채소, 곡물이 포함된 균형 잡힌 식사가 포함됩니다.

특히 단백질은 근육 회복과 힘 유지를 돕는 유익한 영양소입니다.

에너지와 집중력 강화를 위해 충분한 수분 섭취도 잊지 마세요.

★ grain 곡물   nutrients 영양   hydrated 수분이 충분한

★★ 문장 연습 ★★

1) Don't forget to **get enough sleep every night.**
매일 밤 충분한 수면을 취하는 것도 잊지 마세요.

2) Don't forget to **take breaks and rest your eyes.**
쉬는 시간을 가지며 눈을 쉬게 하는 것도 잊지 마세요.

3) Don't forget to **show gratitude for the people who support you.**
당신을 지지하는 사람들에게 감사의 마음을 표현하는 것도 잊지 마세요.

Dream 꿈

You can't put a limit on anything.

The more you dream, the farther you get.

If you want to be the best,

you have to do things that other people aren't willing

to do.

_ Michael Phelps

당신은 어떤 것에도 한계를 둘 수 없습니다.
더 많이 꿈꿀수록 더 멀리 나아갑니다.
최고가 되고 싶다면,
다른 사람들이 하지 않으려는 일들을 해야 합니다.
_ 마이클 펠프스(미국 수영선수)

★ limit 한계   farther 더 멀리   be willing to ~하려고 하다

★★ 문장 연습 ★★

1) The more you read, the richer your imagination becomes.
더 많이 읽을수록, 당신의 상상력이 더 풍부해집니다.

2) The more you listen, the clearer you understand.
더 많이 들을수록, 더 잘 이해하게 됩니다.

3) The more you transcribe, the stronger your writing skills get.
더 많이 필사할수록, 당신의 글쓰기 능력이 향상됩니다.

365 Days 365일

I went five straight years without missing a single day, 365 days here, every single day I was in the water.

And in the sport of swimming when you miss one day, it takes you two days to get back.

So I was already that much, I was continuing to build on that throughout that time, and you know that was kind of just how I was.

_ Michael Phelps

나는 5년 동안 단 하루도 빠짐없이, 여기서 365일, 매일 물속에 있었습니다.

수영은 하루라도 빠지면, 되돌아가는 데 두 배의 시간이 걸립니다.

그렇게 했기에 나는 이만큼 이루었고, 그 시간 동안 계속해서 발전해 왔습니다.

그것이 바로 내가 살아온 방식이었습니다.

_ 마이클 펠프스(미국 수영선수)

★ straight 연속적인, 직선의   miss 놓치다   throughout ~동안, 내내

★★ 문장 연습 ★★

1) It takes you three weeks to prepare for the exam.
   시험 준비하는 데 세 주가 걸립니다.

2) It takes you an hour to complete the project.
   프로젝트를 완료하는 데 한 시간이 걸립니다.

3) It takes you just a few minutes to cook this recipe.
   이 레시피를 요리하는 데 단 몇 분이 걸립니다.

Move 행동

There are days you're not going to want to do it.

I mean everybody has those days.

But it's what you do on those days that help you

move forward.

If you have those little small goals,

those little things that get you excited when you don't

want to.

It's going to make it even better and even easier.

_ Michael Phelps

어떤 것도 할 마음이 안 드는 날도 있습니다.

모든 사람에게 그런 날이 있습니다.

하지만 그런 날에 당신이 무엇을 하느냐가 앞으로 나아가는 데 중요합니다.

작은 목표라도 가지게 된다면,

어떤 것도 하고 싶지 않을 때에도 당신의 기분을 나아지게 할 것입니다.

더 낫게, 더 쉽게 만들어줄 것입니다.

_ 마이클 펠프스(미국 수영선수)

★ **be going to** ~할 것이다   **better** 더 나은   **easier** 더 쉬운

★★ 문장 연습 ★★

1) There are days **you're going to** want to share positivity.
긍정적인 에너지를 나누고 싶어지는 날이 있습니다.

2) There are days **you're going to** feel a surge of creativity.
창의력이 솟아나는 날이 있습니다.

3) There are days **you're going to** feel excited about new opportunities.
새로운 기회에 대한 설렘을 느끼는 날이 있습니다.

Personality 특성

You're integrating your own personality

at the highest and most abstract level of organization.

You're sharpening your tools and you're putting

yourself straight.

Because you're learning to think;

you learn to do that by writing.

_ Jordan Peterson

당신은 자신의 특성을 가장 높고 추상적인 차원에서 통합하고 있습니다.
당신의 도구를 다듬으며, 자신을 바로잡고 있습니다.
글쓰기를 통해 생각하는 방법을 익히고 있기 때문입니다.
_ 조던 피터슨(캐나다 토론토 대학 교수)

★ personality 성격, 개성   abstract 추상적인   sharpen 날카롭게 하다, 연마하다

★★ 문장 연습 ★★

1) You're learning essential grammar rules at the beginner level.
당신은 초급 수준에서 필수 문법 규칙을 배우고 있습니다.

2) You're practicing graphic design at the intermediate level.
당신은 중급 수준에서 그래픽 디자인을 연습하고 있습니다.

3) You're analyzing data at the advanced level.
당신은 고급 수준에서 데이터를 분석하고 있습니다.

Writing 쓰기

So I would say pick some hard problems

and learn to write very, very carefully.

When I say pay attention to the word,

I mean pick the right words and organize them into

the right phrases.

And then get your sentences straight.

_ Jordan Peterson

그러니 나는 어려운 문제들을 선택하고

매우 주의 깊게 글쓰기 하는 방법을 배우라고 말하고 싶습니다.

내가 단어에 주의하라고 말하는 것은

올바른 단어를 선택하고 그것들을 올바른 구문으로 정리하라는 뜻입니다.

당신의 문장을 바로잡아 주세요.

_ 조던 피터슨(캐나다 토론토 대학 교수)

★ hard 어려운   attention 주의   phrase 구문

★★ 문장 연습 ★★

1) Get your facts straight before discussing them with anyone.
누군가와 이야기하기 전에 사실을 정확하게 확인하세요.

2) Get your tasks straight to focus on what's most important.
가장 중요한 일에 집중할 수 있도록 업무를 정확하게 정리하세요.

3) Get your references straight for easy access when writing your paper.
논문을 쓸 때 쉽게 찾을 수 있도록 참고자료를 정확하게 정리하세요.

영어 단어들의 의미와 그 기원들

1. Sincere

라틴어 'sincerus'에서 유래한 단어로 'sin'(없이)과 'cera'(밀랍)로 구성되었다. 고대 로마에서는 조각가들이 흠집이 난 조각을 밀랍으로 덮어 수리했다고 한다. 그와 반대로 '밀랍을 섞지 않은'이라는 뜻의 'sincere'는 '진정한' '성실한'의 의미를 가지게 되었다.

2. Clue

고대 그리스 신화에서 '미노타우로스의 미로'를 탈출하기 위한 실을 의미하는 'clew'에서 유래했다. 실을 따라가면 미로를 빠져나올 수 있었기 때문에, 'clue'는 '단서'나 '실마리'라는 의미로 사용되었다.

3. Salary

라틴어 'salarium'에서 유래했으며, 원래는 '소금을 주는 돈'을 의미했다. 고대 로마에서는 군인들이 급여의 일부로 소금을 받았다고 한다. 소금은 중요한 교환 수단으로 사용되었기 때문에 'salarium'이 '급여'를 뜻하는 단어로 발전하게 되었다.

4. Alphabet

그리스어 'alpha'와 'beta'에서 유래한 단어로, 각각 그리스어 알파벳에서 첫 번째 글자와 두 번째 글자에 해당한다. 이 두 단어를 결합해 'alphabetos'라는 단어가 만들어졌고, 이는 문자의 집합을 의미하게 되었다.

5. Cereal

로마의 곡물과 농업의 여신인 'Ceres'(시레누스)에서 유래했다. 고대 로마인들은 농업의 여신 시레누스를 기리며 곡물을 중요시했다고 한다. 오늘날 이 단어는 곡물로 만든 다양한 식품을 의미하며, 특히 아침 식사로 자주 섭취하는 시리얼을 지칭한다.

3장

성장을 위한 문장

Patterns 패턴

It can take a long time to begin writing in my English diary.

As a beginner learning English, you need faster and easier methods.

In these cases, it's effective to create your own sentences by using the patterns you've already learned.

Try using the example sentences from this textbook.

Use the sentence practice in this book.

영어 일기를 쓰기 시작하는 것은 시간이 많이 걸릴 수 있습니다.

기초 영어에서는 더 빠르고 쉬운 방법이 필요합니다.

이런 경우에는 이미 학습한 문장 패턴을 활용해 자신의 문장을 만드는 것이 효과적입니다.

이 교재의 문장 연습을 활용해 보세요.

★ topic 주제　reference 참고　effective 효과적인

★★ 문장 연습 ★★

1) It's effective to create your own summaries after reading each chapter.
각 챕터를 읽은 후 자신만의 요약을 만드는 것이 효과적입니다.

2) It's effective to create your own journal to track your thoughts and ideas.
자신의 생각과 아이디어를 기록할 수 있는 일기를 만드는 것이 효과적입니다.

3) It's effective to create your own checklist to ensure everything is done.
모든 일을 마쳤는지 확인하기 위해 자신만의 체크리스트를 만드는 것이 효과적입니다.

Adults 성인

Personal growth is a lifelong process,
and it doesn't stop when we become adults;
it continues throughout our lives.
By learning from others and reflecting on our
decisions, we become wiser and stronger, thereby
making life more enjoyable and meaningful.

개인적인 성장은 평생 지속되는 과정입니다.
성인이 되면 멈추는 것이 아니라 삶 전체에 걸쳐 계속됩니다.
다른 사람들로부터 배우고 자신의 결정을 되돌아봄으로써
우리는 더 지혜롭고 강하게 성장하며,
이는 삶을 더 즐겁고 의미 있게 만듭니다.

★ lifelong 평생의   enjoyable 즐거운, 기쁜   meaningful 의미 있는

★★ 문장 연습 ★★

1) Personal growth is often achieved through challenges and adversity.
개인적인 성장은 종종 도전과 역경을 통해 이루어집니다.

2) Personal growth is about understanding oneself better.
개인적인 성장은 자신을 더 잘 이해하는 것입니다.

3) Personal growth is about becoming the best version of yourself.
개인적인 성장은 자신이 될 수 있는 최고의 사람이 되는 과정입니다.

Responsibility 책임감

Time, in the form of today, is given equally to everyone, but making it a better day than yesterday is each person's responsibility.

Face today's challenges head—on.

When you confront the obstacles you'd rather avoid, unexpected insights and opportunities can be yours.

오늘이라는 시간은 모두에게 공평하게 주어지지만,
어제보다 더 나은 날로 만드는 것은 각자의 몫입니다.
오늘의 문제들을 정면으로 마주하세요.
피하고 싶은 난관들에 직면할 때,
예상치 못한 통찰과 기회는 당신의 것이 될 수 있습니다.

★ confront 직면하다   avoid 피하다   insight 통찰

★★ 문장 연습 ★★

1) Face today's difficult conversation with honesty and empathy.
오늘의 어려운 대화는 정직과 공감을 바탕으로 대하세요.

2) Face today's workload with patience and perseverance.
오늘의 업무는 인내와 끈기로 차근차근 해나가세요.

3) Face today's tight deadlines with focus and efficiency.
오늘의 촉박한 마감시간도 집중과 효율로 헤쳐 나가세요.

Challenges 도전

Growth often comes with pain, but facing this challenge makes us stronger.

Like a plant's stem, which must endure tough conditions to thrive,

we too must embrace challenges to grow steadily.

Just like a strong stem that blooms with leaves and flowers, despite the scorching sun and fierce winds,

the effort we put in helps us grow stronger within.

성장은 종종 고통을 동반하지만, 이 도전에 맞서는 것은 우리를 더 강하게 만듭니다.
식물의 줄기가 힘든 환경을 견뎌야 비로소 자랄 수 있듯이,
우리도 꾸준히 성장하기 위해 도전을 받아들여야 합니다.
내리쬐는 햇볕과 거센 바람 속에서도 잎과 꽃을 피우는 강인한 줄기처럼,
우리가 쏟는 노력은 내면의 힘을 키워줍니다.

★ stem 줄기   condition 환경, 조건   fierce 거센

★★ 문장 연습 ★★

1) Facing this challenge makes us **more confident.**
   이 도전은 우리를 더 자신감 있게 만듭니다.

2) Facing this challenge makes us **more determined.**
   이 도전은 우리를 더 결단력 있게 만듭니다.

3) Facing this challenge makes us **better prepared.**
   이 도전은 우리를 더 잘 준비하게 만듭니다.

Share 공유

Highlight the most important sentences or words with specific colors, underlines, or circles.

Use an index or other tools to easily track the pages you've transcribed.

Take photos of your transcription time, the date, and the day of the week to keep track of your progress in the book.

You can also share your progress through social media.

I wish you the best of luck in achieving an efficient transcription as you invest your time and effort!

가장 중요한 문장이나 단어에 특정 색상, 밑줄, 동그라미 등을 사용해 강조하세요.
필사한 페이지를 쉽게 확인할 수 있도록 인덱스나 다른 도구를 활용하세요.
필사한 날짜, 요일, 시간을 사진으로 찍어 책의 진행 상황을 확인하세요.
SNS를 통해 당신의 학습 과정을 공유할 수도 있습니다.
시간과 노력을 들이는 만큼 효율적인 필사가 되길 응원합니다!

★ **specific** 구체적인   **tool** 도구   **progress** 진전, 진행, 향상

★★ 문장 연습 ★★

1) You can also share the quotes you like through your social media.
SNS를 통해 좋아하는 인용구를 공유할 수도 있습니다.

2) You can also share your creative work through your social media.
SNS를 통해 창작물을 공유할 수도 있습니다.

3) You can also share your travel experiences through your social media.
SNS를 통해 여행 경험을 공유할 수도 있습니다.

Journey 여정

Growth is a journey that unfolds through your experiences.

By encountering different people and events, you begin to discover a new version of yourself.

Through the continuous process of learning and growing, you find strength in vulnerability and beauty in change.

성장은 경험을 통해 펼쳐지는 여정입니다.
다양한 사람들과 사건을 접하며
새로운 자신을 발견할 수 있습니다.
끊임없는 배움과 성장의 과정을 통해, 취약성 속에서도 강함을,
변화 속에서도 아름다움을 찾을 수 있습니다.

★ unfold 펼쳐지다   continuous 지속적인   vulnerability 취약성

★★ 문장 연습 ★★

1) You begin to discover **new perspectives when you listen to others' experiences.**
다른 사람들의 경험을 들을 때, 새로운 시각을 발견하게 됩니다.

2) You begin to discover **the value of small moments when you appreciate life.**
삶의 순간들을 음미할 때, 작은 것들의 가치를 발견하게 됩니다.

3) You begin to discover **the power of persistence when facing challenges.**
도전에 맞서면서 끈기의 힘을 발견하게 됩니다.

Talent 재능

You must leverage the special qualities that only you possess.

Identify your unique talents and skills through self-reflection and feedback from others.

What makes you unique and different from others?

By developing this, your true potential will be awakened.

Step into the world and show what only you can do.

당신만이 가진 특별한 가치를 활용해야 합니다.

자기 성찰과 다른 사람들의 피드백을 통해 자신만의 고유한 재능과 능력을 파악하세요.

남들과 구별되는 당신만의 특별함은 무엇인가요?

이것을 개발할 때 진정한 잠재력은 깨어날 것입니다.

세상에 나아가 오직 당신만이 할 수 있는 것을 보여주세요.

★ leverage 이용하다, 활용하다   identify 확인하다, 구별하다   talent 재능

★★ 문장 연습 ★★

1) What makes you feel inspired?
당신에게 영감을 주는 것은 무엇인가요?

2) What makes you feel relaxed?
무엇이 당신을 편안하게 만드나요?

3) What makes you more creative?
당신을 더 창의적이게 만드는 것은 무엇인가요?

Stem 줄기

The stem holds up the branches and leaves of a plant, functioning as its core.

Similarly, you need a foundation for growth in your daily life.

Your determination and actions must remain strong, like a stem.

As you accumulate small efforts and experiences,

you must sustain yourself even in times of hardship.

줄기는 식물의 가지와 잎을 지탱하며, 그것의 중심으로 기능합니다.

이처럼 당신도 일상에서 성장하기 위한 기반이 필요합니다.

당신의 결단과 행동은 줄기처럼 강하게 이어져야 합니다.

작은 노력과 경험을 쌓아가며,

고난 속에서도 스스로를 지지해야 합니다.

★ branch 나뭇가지   function 기능하다, 작동하다   accumulate 축적하다, 모으다

★★ 문장 연습 ★★

1) You must sustain your health by exercising regularly.
규칙적으로 운동해 건강을 유지해야 합니다.

2) You must sustain the quality of your work to remain competitive.
경쟁력을 유지하려면 업무의 품질을 지속적으로 관리해야 합니다.

3) You must sustain your relationships with open communication.
열린 소통을 통해 관계를 지속적으로 유지해야 합니다.

Reading 독서

Reading gives us the opportunity to become stronger by exposing us to new ideas and challenges.

In novels, there are various characters who face and overcome problems.

We can learn how they grow through their experiences.

By reading non-fiction, critical thinking skills are developed by analyzing real-life situations.

This helps us make better decisions in our own lives.

독서는 우리가 새로운 아이디어와 도전을 통해 더 강해질 수 있는 기회를 제공합니다.

소설 속에는 문제를 마주하고 이를 극복하는 다양한 등장인물들이 있습니다.

우리는 그들이 경험을 통해 어떻게 성장하는지 배울 수 있습니다.

비문학을 읽으면, 실제 상황을 분석함으로써 비판적 사고 능력을 기를 수 있습니다.

이는 우리 삶에서 더 나은 결정을 내리는 데 도움이 됩니다.

★ novel 소설   overcome 극복하다   non-fiction 비문학

★★ 문장 연습 ★★

1) Reading gives us the opportunity to connect with people from different cultures.
   독서는 다양한 문화의 사람들과 연결될 기회를 제공합니다.

2) Reading gives us the opportunity to improve our vocabulary and language skills.
   독서는 우리의 어휘와 언어 능력을 향상시킬 기회를 제공합니다.

3) Reading gives us the opportunity to escape from the stresses of daily life.
   독서는 일상의 스트레스에서 벗어날 기회를 제공합니다.

People 사람들

Surrounding yourself with supportive people can enhance your growth.

Be with others who can positively influence each other.

When you share experiences of learning and growth, you can progress together.

You will also experience greater growth when you encourage someone else.

서로 지지하는 사람들과 함께하는 것은 당신의 성장에 도움됩니다.
긍정적인 영향을 주고받을 수 있는 사람들과 함께하세요.
배움과 성장의 경험을 나누면, 함께 발전할 수 있습니다.
당신 또한 다른 사람을 격려하면 더 큰 성장을 경험할 수 있습니다.

★ surround 둘러싸다, 주위에 두다   supportive 지지하는   positively 긍정적으로

★★ 문장 연습 ★★

1) Be with others who **make you feel understood and valued.**
당신이 이해받고 존중받는다고 느끼게 해주는 사람들과 함께하세요.

2) Be with others who **celebrate your successes.**
당신의 성공을 함께 축하해주는 사람들과 함께하세요.

3) Be with others who **bring out the best in you.**
당신 안의 가장 좋은 면을 끌어내는 사람들과 함께하세요.

Memory 기억력

Try to rewrite without looking at the paragraph.

This is a great exercise to boost your memory and understanding.

When you practice recalling what you have learned on your own, you'll be able to understand the material more clearly.

Don't worry about making mistakes.

They're a natural part of improving your writing skills in English.

문단을 보지 않고 다시 써보세요.

이는 기억력과 이해력을 향상시킬 수 있습니다.

배운 내용을 스스로 떠올리는 연습을 하면, 그 내용을 더 잘 이해할 수 있습니다.

실수를 하더라도 걱정하지 마세요.

실수는 영어 쓰기가 성장하는 과정의 일부입니다.

★ **rewrite** 다시 쓰다   **recall** 떠올리다   **clearly** 더 분명하게

★★ 문장 연습 ★★

1) Don't worry about what you can't control.
   당신이 통제할 수 없는 것에 대해 걱정하지 마세요.

2) Don't worry about the weather.
   날씨에 대해 걱정하지 마세요.

3) Don't worry about what others think of you.
   다른 사람들이 당신을 어떻게 생각하는지 걱정하지 마세요.

Relection 숙고

Reflection is essential in the process of growth.

Take time to reflect on what worked well and what didn't.

This will help you make wiser choices in the future.

Learning from both your mistakes and successes is crucial for becoming a better and stronger version of yourself.

성장하는 과정에서 반성은 매우 중요합니다.

무엇이 잘 되었고, 무엇이 잘 되지 않았는지 되돌아보는 시간을 가지세요.

이것은 앞으로 더 현명한 선택을 하는 데 도움이 될 것입니다.

실수와 성공 모두에서 배우는 것은 더 나은, 그리고 더 강한 당신이 되는 데 매우 중요합니다.

★ reflection 반성, 숙고, 회상   both 둘 다   crucial 매우 중요한, 결정적인

★★ 문장 연습 ★★

1) Take time to reflect on **what you've learned and how it helps you.**
   배운 것들을 되돌아보고, 그것이 자신에게 어떻게 도움이 되는지 생각해 보세요.

2) Take time to reflect on **your daily habits and your long-term goals.**
   자신의 일상 습관과 장기적인 목표를 되돌아보세요.

3) Take time to reflect on **your strengths and how to use them.**
   자신의 강점을 되돌아보고, 그것을 어떻게 활용할지 생각해 보세요.

Run 달리기

Instead of saying "I want to get fit," set a goal to run a 5K in 100 days.

Having specific objectives allows you to create a detailed plan for progress,

such as a training schedule or purchasing running gear.

Follow your own roadmap and move towards your goal.

"건강해지고 싶다"는 추상적인 목표 대신, 100일 동안 5킬로미터를 달리겠다는 구체적인 목표를 설정하세요.

이처럼 구체적인 목표를 세우면 진전을 위한 세부적인 계획을 세울 수 있습니다.

예를 들어, 훈련 일정을 짜거나 러닝 용품을 준비하는 것입니다.

자신만의 로드맵을 따라 목표를 향해 나아가세요.

★ get fit 건강해지다　objective 목표　purchase 구입하다

★★ 문장 연습 ★★

1) Follow your own intuition. It often knows what's best for you.
   당신의 직감을 따르세요. 그것은 종종 당신에게 가장 좋은 길이 무엇인지 알고 있습니다.

2) Follow your own values, even when it's difficult.
   어려울 때일수록 자신만의 가치를 따르세요.

3) Follow your own vision and stay focused on your goals.
   당신만의 비전을 따라가며, 목표에 집중하세요.

Mission 사명

In terms of doing work and in terms of learning and evolving as a person,

you just grow more when you get more people's perspectives.

I really try and live the mission of the company

and keep everything else in my life extremely simple.

_ Mark Zuckerberg

일을 하는 것이나 개인의 성장에 있어,
더 많은 사람의 의견을 얻을수록 더 성장하게 됩니다.
나는 회사의 사명을 실천하려고 하며,
삶의 다른 부분은 지극히 단순하게 유지하려고 합니다.
_ 마크 저커버그(미국 기업인, 메타 회장)

★ in terms of ~에 관해서, ~에 있어   perspective 관점   mission 사명

★★ 문장 연습 ★★

1) Keep everything else in my life **balanced**.
삶의 다른 부분은 균형 있게 유지하세요.

2) Keep everything else in my life **positive**.
삶의 다른 부분은 긍정적으로 유지하세요.

3) Keep everything else in my life **flexible**.
삶의 나머지 부분은 유연하게 유지하세요.

Distance 거리

The distance between number one and number two is always a constant.

If you want to improve the organization, you have to improve yourself, and the organization gets pulled up with you.

That is a big lesson.

I cannot just expect the organization to improve if I don't improve myself,

because that distance is a constant.

_ Indra Nooyi

1위와 2위 사이의 거리는 항상 일정합니다.
조직을 개선하고 싶다면, 먼저 자신을 개선해야 하며, 그러면 조직도 함께 발전합니다.
그것은 중요한 교훈입니다.
내가 스스로 발전하지 않고서는 조직이 개선되기를 기대할 수 없습니다,
그 둘의 거리는 항상 일정하기 때문입니다.
_ 인드라 누이(인도 기업인)

★ constant 일정한   organization 조직   distance 거리

★★ 문장 연습 ★★

1) That is a big lesson in taking responsibility.
그것은 책임을 지는 것에 대한 중요한 교훈입니다.

2) That is a big lesson in patience and timing.
그것은 인내와 타이밍에 대한 중요한 교훈입니다.

3) That is a big lesson in trusting yourself.
그것은 자신을 신뢰하는 것에 대한 중요한 교훈입니다.

Love 사랑

One, remember to look up at the stars and not down
at your feet.

Two, never give up work.

Work gives you meaning and purpose, and life is
empty without it.

Three, if you are lucky enough to find love,

remember it is there and don't throw it away.

_ Stephen Hawking

하나, 항상 발 아래를 바라보지 말고 별을 올려다보세요.

둘, 결코 일을 포기하지 마세요.

일은 당신에게 의미와 목적을 주며, 그것이 없으면 삶은 공허해집니다.

셋, 만약 운 좋게 사랑을 찾았다면,

그 사랑이 존재함을 기억하고, 소중히 여기세요.

_ 스티븐 호킹(미국 과학자)

★ **look up** 올려다보다   **feet**(복수형) 발   **purpose** 목적

★★ 문장 연습 ★★

1) Never give up **on what you truly want to do.**
   진정으로 하고 싶은 일을 절대 포기하지 마세요.

2) Never give up **on your ability to make a difference.**
   변화를 일으킬 능력을 절대 포기하지 마세요.

3) Never give up **on what makes you happy.**
   당신을 행복하게 만드는 것을 절대 포기하지 마세요.

Respect 존경

My motto is, "There are no boundaries."

When we see the Earth from space,

we see ourselves as a whole; we see the unity and not the divisions.

We are here together, and we need to live together with tolerance and respect.

We are all time travelers turning together into the future.

_ Stephen Hawking

나의 좌우명은 "경계가 없다"입니다.

우주에서 지구를 바라보면,

우리는 분열이 아니라 하나로 보입니다.

우리는 함께 여기에 있으며, 서로에 대한 관용과 존중이 필요합니다.

우리는 모두 시간 여행자이며, 함께 미래로 나아가고 있습니다.

_ 스티븐 호킹(미국 과학자)

★ boundary 경계   unity 통합, 일치   division 분열

★★ 문장 연습 ★★

1) My motto is "Every day is a new beginning."
나의 좌우명은 "매일이 새로운 시작입니다."입니다.

2) My motto is "Believe in yourself."
나의 좌우명은 "자신을 믿으세요."입니다.

3) My motto is "Stay curious and never stop learning."
나의 좌우명은 "호기심을 유지하고 배우는 것을 멈추지 마세요."입니다.

Life 삶

Life can be serious, and however difficult it may seem,

there is always something you can do and succeed at.

That matters.

Don't just give up. While there's life, there's hope.

Seize the moment. Act now.

Be brave. Be determined.

Overcome the odds that can be done.

_ Stephen Hawking

삶은 진지할 수 있으며, 아무리 힘들어 보여도 항상 할 수 있는 일이 있고,

성공할 수 있는 일이 있습니다. 그것이 중요합니다.

포기하지 마세요. 삶이 있는 한 희망이 있습니다.

순간을 포착하세요. 당장 행동하세요.

용감해지세요. 결단력을 가지세요.

극복할 수 있는 역경을 이겨내세요.

_ 스티븐 호킹(미국 과학자)

★ matter 문제, 중요하다   seize 포착하다   odds 역경, 어려움

★★ 문장 연습 ★★

1) Overcome the doubts that cloud your mind.
당신의 마음을 흐리는 의심을 극복하세요.

2) Overcome the fears that hold you back.
당신을 방해하는 두려움을 극복하세요.

3) Overcome the distractions that disrupt your focus.
당신의 집중을 방해하는 방해 요소를 극복하세요.

Will 의지

Failure gave me an inner security

that I had never attained by passing examinations.

And failure taught me things that I could have learned

no other way.

I discovered that I had a strong will and more

discipline than I had suspected.

_ J.K.Rowling

실패는 내면의 안정감을 주었습니다

내가 시험에 합격하는 것으로는 얻을 수 없었던 것들입니다.

그리고 실패는 내가 다른 방법으로는 배울 수 없었던 것들을 가르쳐 주었습니다.

나는 예상했던 것보다 내가 강한 의지와 더 많은 규율을 가지고 있다는 것을

알게 되었습니다.

_ J.K. 롤링(영국 소설가)

★ inner 내면의   attain 얻다   discipline 규율

★★ 문장 연습 ★★

1) Failure gave me a new perspective on life.
실패는 내게 삶에 대한 새로운 시각을 주었습니다.

2) Failure gave me the motivation to try harder.
실패는 나에게 더 열심히 노력할 동기를 주었습니다.

3) Failure gave me the courage to take risks.
실패는 내게 위험을 감수할 용기를 주었습니다.

Failure 실패

So why do I talk about the benefits of failure?

Simply because failure meant a stripping away of the inessential.

I stopped pretending to myself that I was anything other than what I was,

and began to direct all my energy into finishing the only work that mattered to me.

_ J.K.Rowling

왜 나는 실패의 이점에 대해 이야기할까요?

단순히 실패는 본질적이지 않은 것들을 제거하는 의미였기 때문입니다.

나는 내가 아닌 다른 무언가로 스스로를 속이는 것을 그만두고

나에게 중요한 유일한 일을 완성하는 데 모든 에너지를 집중하기 시작했습니다.

_ J.K. 롤링(영국 소설가)

★ strip away 제거하다　pretend ~인 척하다　direct 지시하다, 안내하다

★★ 문장 연습 ★★

1) Why do I talk about **the importance of resilience?**
왜 나는 회복력의 중요성에 대해 이야기하나요?

2) Why do I talk about **the impact of positive thinking?**
왜 나는 긍정적 사고의 영향에 대해 이야기하나요?

3) Why do I talk about **the power of perseverance?**
왜 나는 인내의 힘에 대해 이야기하나요?

소셜 미디어와 관련된
트렌디한 영어 단어들의 유래

1. influencer

라틴어 'influere'에서 유래한 단어로, 본래 '흐르다, 영향을 미치다'라는 뜻을 가진 동사 'influence'에서 파생된 명사이다. 현재 소셜 미디어 플랫폼에서 많은 팔로워들에게 영향을 미치는 사람을 가리키는 단어로 널리 사용되고 있다.

2. viral

독과 병균을 의미하는 라틴어 'virus'에서 유래했으며, 인터넷과 소셜 미디어에서 빠르게 확산되는 콘텐츠를 'viral'이라고 부르게 되었다. 콘텐츠가 마치 바이러스처럼 빠르게 퍼져 나간다는 의미에서 이 단어가 생겨났다.

3. vibe

진동을 뜻하는 'vibration'에서 유래한 단어로, 감정이나 분위기의 전달을 의미하는 단어로 발전했다. 최근에는 '사람이나 장소, 상황에서 느껴지는 분위기'를 의미하는 표현으로 사용되고 있다.

4. meme

리처드 도킨스가 1976년 그의 저서 《이기적 유전자》에서 문화적인 정보나 아이디어가 사회 내에서 전파되는 방식을 설명하기 위해 처음 사용한 용어이다.

원래는 '문화적 유전자'를 의미했으나, 현재는 인터넷에서 유머나 특정 주제를 다룬 이미지, 비디오, 텍스트가 빠르게 확산되는 현상을 가리키는 말로 사용된다.

5. selfie

자신을 의미하는 단어 'self'와 사진을 의미하는 접미사 'ie'가 합성되어 '자신의 사진을 찍는 행위'를 뜻하게 되었다. 스마트폰과 소셜 미디어의 발전에 힘입어, 'selfie'는 자기 표현과 홍보의 수단으로 널리 사용되고 있다.

4장

강인함을 위한 문장

Dictation 받아쓰기

Listen to the audio recordings of this book and practice dictation.

Compare your writing with the original text.

Afterward, it's very important to correct your mistakes.

Reviewing your mistakes helps you identify patterns in your writing, allowing you to understand where you tend to make errors and how to improve.

이 교재의 음원을 들으며 들리는 내용을 받아쓰기 해보세요.

원본 텍스트와 비교해 보세요.

그 후에 실수를 고치는 것이 매우 중요합니다.

실수를 검토하면 글쓰기에서의 패턴을 파악하는 데 도움이 되며,

어떤 부분에서 오류를 범하는지 이해하고 개선할 수 있는 방법을 알 수 있습니다.

★ dictation 받아쓰기   correct 수정하다   identify 확인하다

★★ 문장 연습 ★★

1) Compare your writing with the sample provided.
제공된 샘플과 당신의 글을 비교하세요.

2) Compare your writing with your previous drafts.
이전 초안과 당신의 글을 비교하세요.

3) Compare your writing with the feedback you received.
받은 피드백과 당신의 글을 비교하세요.

Bloom 개화

A single flower may last only a limited time,

yet its beauty can make a lasting impression.

The moment has arrived for you to bloom.

It's truly wonderful when your efforts shine brightly.

Here's to your flower, strong and beautiful.

한 송이의 꽃은 유한한 시간 동안만 지속되지만,

그 아름다움은 오래도록 기억에 남습니다.

이제 당신이 꽃을 피울 때입니다.

당신의 노력이 세상을 향해 드러나는 것은 정말 멋집니다.

강하고 아름다운 당신의 꽃을 위하여.

★ limited 제한된   lasting 지속되는   impression 인상

★★ 문장 연습 ★★

1) The moment has arrived for you to show your strength.
   이제 당신의 힘을 보여줄 때입니다.

2) The moment has arrived for you to fight for what you believe in.
   이제 당신이 믿는 바를 위해 싸울 때입니다.

3) The moment has arrived for you to stand tall, no matter the obstacles.
   이제 당신이 어떤 장애물이 있더라도 당당히 서야 할 때입니다.

Record 녹음

Transcribe the sentences,

then read them out loud three times.

Your memory will be reinforced by hearing the

sentences you've learned in your own voice.

Using your phone or tablet to record yourself is also

helpful.

Focus on intonation and rhythm while reading aloud.

Listening to your recording again will also help

improve your pronunciation.

문장들을 필사하고,

그다음 세 번 소리 내어 읽어 보세요.

배운 문장을 자신의 목소리로 듣는 것은 기억을 강화하는 데 도움이 됩니다.

휴대전화나 태블릿을 활용해 녹음하는 것도 유용합니다.

소리내어 읽을 때는 억양과 리듬에 집중하세요.

녹음 파일을 다시 듣게 되면 발음 개선에 도움이 됩니다.

★ reinforce 강화하다　intonation 톤　recording 녹음

★★ 문장 연습 ★★

1) Transcribe the sentences, then check for any spelling mistakes.
문장을 필사한 후, 철자 오류가 있는지 확인해 보세요.

2) Transcribe the sentences, then highlight the key vocabulary.
문장을 필사한 후, 핵심 어휘를 강조 표시해 보세요.

3) Transcribe the sentences, then share a recording or a photo through social media.
문장을 필사한 후, 소셜 미디어를 통해 녹음이나 사진을 공유해 보세요.

Patience 인내

True strength lies in patience.

When your spirit feels broken, hold on to your goals and plans.

It's okay to have days when your productivity dips.

It's okay to feel tired and frustrated sometimes.

Your true power is revealed in an unyielding heart.

진정한 강인함은 인내에 있습니다.

마음이 꺾이려 할 때, 목표와 계획에 대한 믿음을 잃지 마세요.

능률이 떨어지는 날이 있어도 괜찮습니다.

때로 지치고 답답한 기분이 들어도 괜찮습니다.

당신의 진정한 힘은 꺾이지 않는 마음에서 발휘됩니다.

★ patience 인내   is revealed 드러나다   unyielding 꺾이지 않는

★★ 문장 연습 ★★

1) It's okay to have days when you feel tired and need a break.
피곤하고 휴식이 필요할 때가 있어도 괜찮습니다.

2) It's okay to have days when you feel overwhelmed.
압박감을 느끼는 날이 있어도 괜찮습니다.

3) It's okay to have days when you need to recharge.
다시 에너지를 회복해야 하는 날이 있어도 괜찮습니다.

Day 65

Mindset 마인드셋

With each difficult task you tackle,

each tough day you endure,

and each challenging person you face,

a change in mindset is essential for a stronger you.

Resilient thinking will turn even obstacles into

valuable lessons.

어려운 일을 해결할 때마다,

어려운 날들을 견딜 때마다,

어려운 사람들을 상대할 때마다,

더 강인한 당신을 위해 사고방식의 변화는 필수적입니다.

회복력 있는 사고방식은 난관조차도 소중한 교훈으로 바꿔줄 것입니다.

★ **tackle** 다루다, 맞서다, 해결하다　**endure** 견디다　**obstacle** 난관

150

★★ 문장 연습 ★★

1) Resilient thinking will **keep you focused on solutions, not problems.**
회복력 있는 사고방식은 문제보다는 해결책에 집중하게 해줍니다.

2) Resilient thinking will **allow you to stay calm in difficult situations.**
회복력 있는 사고방식은 어려운 상황에서도 침착함을 유지하게 해줍니다.

3) Resilient thinking will **help you adapt quickly to change.**
회복력 있는 사고방식은 변화에 빠르게 적응할 수 있게 해줍니다.

Flowers 꽃

What fragrance and colors does your own flower
possess?
Everyone's blooming time is different, but one fact
remains the same.
In this beautiful yet painful process,
we can only blossom when we grow stronger.
Your bloom, after enduring, will be more fragrant
than ever.

당신만의 꽃은 어떠한 향기와 색을 지니고 있을까요?
저마다 개화하는 시기는 다르지만, 한 가지 사실만은 같습니다.
이 아름답고 고통스러운 과정 속에서도
우리가 강해질 때에만 꽃을 피울 수 있다는 것입니다.
인내 끝에 열리는 당신의 개화는 더없이 향기로울 것입니다.

★ possess 소유하다　painful 고통스러운　fragrant 향기로운

★★ 문장 연습 ★★

1) We can only blossom when we take responsibility for our actions and decisions.
우리는 자신의 행동과 결정을 책임질 때에만 꽃을 피울 수 있습니다.

2) We can only blossom when we learn to adapt to new environments.
우리는 새로운 환경에 적응하는 법을 배울 때에만 꽃을 피울 수 있습니다.

3) We can only blossom when we surround ourselves with people who inspire us.
우리는 우리에게 영감을 주는 사람들과 함께할 때만 꽃을 피울 수 있습니다.

Chess 체스

Resilience in chess comes from adapting and recovering from setbacks.

Each game presents obstacles that require patience and critical thinking.

In the process, players must analyze their mistakes to improve their strategies.

Ultimately, chess teaches that resilience is not just about enduring difficulties,

but also about evolving through them.

체스에서의 강인함은 역경에 적응하고 회복하는 데서 비롯됩니다.

각 게임은 인내와 비판적 사고를 요구하는 장애물을 보여줍니다.

그 과정에서 선수들은 자신의 실수를 분석하며 전략을 개선해야 합니다.

결국, 체스는 강인함이 단순히 어려움을 견디는 것이 아니라,

그 과정을 통해 발전하는 것임을 가르쳐줍니다.

★ adapt 적응하다   recover 회복하다   critical 비판적인

★★ 문장 연습 ★★

1) In the process, players must analyze their mistakes to gain a deeper understanding of the game.
그 과정에서 선수들은 실수를 분석하여 게임에 대한 더 깊은 이해를 얻어야 합니다.

2) In the process, players must analyze their mistakes to identify their weaknesses.
그 과정에서 선수들은 실수를 분석하여 자신의 약점을 파악해야 합니다.

3) In the process, players must analyze their mistakes to improve their reaction time.
그 과정에서 선수들은 실수를 분석하여 반응 시간을 개선해야 합니다.

Music 음악

Music can be a source of strength and comfort.
Listening to bright songs improves our mood and
boosts motivation,
which helps us overcome stressful or difficult times.
A playlist of your favorite songs provides familiar,
comforting music that helps you stay calm and
focused during challenging moments.

음악은 힘을 주고 위안을 주는 원천이 될 수 있습니다.
밝은 노래를 듣는 것은 기분을 좋게 하고 동기를 북돋아 주기 때문에,
스트레스가 많거나 힘든 시기를 극복하는 데 도움이 됩니다.
좋아하는 노래로 만든 플레이리스트는 어려운 순간에 차분하고 집중할 수 있도록 돕는
친숙하고 위안이 되는 음악을 제공합니다.

★ source 원천, 근원   comforting 위안을 주는   calm 차분한

★★ 문장 연습 ★★

1) Music can **relax us after a long day.**
   음악은 긴 하루를 마친 후 우리들을 편안하게 해줄 수 있습니다.

2) Music can **bring people together.**
   음악은 사람들을 하나로 모을 수 있습니다.

3) Music can **be a source of expression.**
   음악은 표현의 원천이 될 수 있습니다.

Punctuation 구두점

The first mistake in English writing practice is spelling errors.

To strenghten your writing skills, develop a habit of reading regularly to become more familiar with correct spelling.

Next, punctuation errors can change the meaning of a sentence.

Make sure to compare your writing with the original sentences for corrections.

영어 필사에서 첫 번째 실수는 맞춤법 오류입니다.

글쓰기 능력을 향상시키려면,

올바른 맞춤법에 더 익숙해지기 위해 정기적으로 읽는 습관을 기르세요.

다음으로, 구두점 오류는 문장의 의미를 바꿀 수 있습니다.

수정을 위해 당신이 쓴 글을 원본 문장과 비교해 보세요.

★ regularly 정기적으로   punctuation 구두점   correction 수정

★★ 문장 연습 ★★

1) Develop a habit of **writing down your thoughts.**
자신의 생각을 적는 습관을 기르세요.

2) Develop a habit of **listening actively.**
적극적으로 경청하는 습관을 기르세요.

3) Develop a habit of **watching English movies with subtitles.**
영어 자막을 보며 영화를 보는 습관을 기르세요.

Resilience 회복력

No matter the weather, you must stay strong and persevere.

Even in the bitter cold and fierce winds, or through extreme heat, you must keep moving.

Resilience is about adapting and overcoming, regardless of external conditions.

Through every storm you endure, you will become more unshakable.

어떠한 날씨에도 당신은 꿋꿋하게 버텨야 합니다.
혹독한 추위와 매서운 바람, 또는 극도의 더위 속에서도, 당신은 계속 나아가야 합니다.
회복력은 외부 환경과 관계없이 스스로 적응하고 이겨내는 것입니다.
당신이 겪는 모든 폭풍을 통해 더욱 흔들리지 않는 사람이 될 것입니다.

★ persevere 인내하다, 끈기있게 계속하다   fierce 매서운, 격렬한   external 외부의

★★ 문장 연습 ★★

1) You must **bounce back after failure.**
당신은 실패 후에도 일어나야 합니다.

2) You must **embrace discomfort for growth.**
당신은 성장을 위한 불편함을 받아들여야 합니다.

3) You must **find strength within yourself.**
당신은 자신 안에서 힘을 찾아야 합니다.

Train 훈련

When challenging yourself to run a 5K,

you may struggle with difficult arm movements or leg fatigue.

However, by adjusting your plan and finding better methods, you can train more effectively.

Taking breaks or fueling up with healthy foods can help you stay on track.

Ultimately, we must keep running, no matter what.

5킬로미터 달리기에 도전할 때,

어려운 팔 동작이나 다리의 피로 때문에 힘들 수 있습니다.

하지만 계획을 조정하고 더 나은 방법을 찾으면 더 효과적으로 훈련할 수 있습니다.

휴식을 취하거나 건강한 음식을 섭취하면 목표를 유지하는 데 도움이 됩니다.

결국, 우리가 계속 달려야 한다는 사실은 변함없습니다.

★ fatigue 피로   adjust 조정하다   method 방법

★★ 문장 연습 ★★

1) Ultimately, we must keep **adapting** to change.
결국, 우리는 변화에 계속 적응해야 합니다.

2) Ultimately, we must keep **finding** solutions.
결국, 우리는 해결책을 찾아야 합니다.

3) Ultimately, we must keep **believing** in ourselves no matter what.
결국, 우리는 어떤 일이 있더라도 스스로를 믿어야 합니다.

Wings 날개

Whether in the sky or beneath the cliff,

to rise and climb higher or keep flying,

we must constantly flap our wings.

Though we may stumble and fall at times, to reach new heights,

we must rise again with even greater strength.

하늘 위에서도, 절벽 아래에서도,

높이 오르거나 계속 날기 위해,

우리는 끊임없이 날갯짓해야 합니다.

때로는 넘어지고 떨어질지라도, 새로운 곳에 도달하기 위해,

우리는 더 강한 힘으로 다시 일어나야 합니다.

★ cliff 절벽　stumble 휘청거리다　height 높이

★★ 문장 연습 ★★

1) We must rise with gratitude, appreciating each step of the journey.
우리는 여정의 모든 순간에 감사함을 가지고 일어나야 합니다.

2) We must rise with conviction, knowing that our efforts matter.
우리는 우리의 노력이 중요하다는 확신을 가지고 일어나야 합니다.

3) We must rise with a clear purpose to achieve our goals.
우리는 목표를 달성하기 위해 명확한 목표 의식을 가지고 일어나야 합니다.

Finish line 결승선

There are times when you run a marathon and you wonder, why am I doing this?

But you take a drink of water, and around the next bend, you get your wind back,

remember the finish line, and keep going.

_ Steve Jobs

마라톤을 하다보면 이걸 왜 하고 있지? 하는 의문이 들 때가 있습니다.

그러나 물 한 잔을 마시고, 다음 커브를 돌게 되면 다시 당신의 호흡을 되찾고

결승선에 대해 생각하며 계속해서 나아갈 것입니다.

_ 스티브 잡스(미국 기업가, 애플 창업자)

★ get one's wind back 기운을 회복하다, 숨을 고르다   finish line 결승선

★★ 문장 연습 ★★

1) Remember the finish line, and **keep your spirit high until you reach it.**
결승선을 기억하고, 그것에 도달할 때까지 당신의 정신력을 높게 유지하세요.

2) Remember the finish line, and **stay determined, no matter the obstacles.**
결승선을 기억하고, 장애물이 있더라도 결단력을 유지하세요.

3) Remember the finish line, and **push through the pain.**
결승선을 기억하고, 고통을 이겨내세요.

Measure 측정

To be effective, you must be able to measure your progress

and understand where you stand in relation to your goals.

This requires setting clear objectives

and making informed decisions based on data.

Remember, knowledge has to be improved, challenged,

and increased constantly, or it vanishes.

_ Peter Drucker

효과적이기 위해서는 진행 상황을 측정해야 합니다.

그리고 목표에 대한 자신의 위치를 이해해야 합니다.

이를 위해서는 명확한 목표를 설정하고

자료를 기반으로 정보에 입각한 결정을 내려야 합니다.

기억하세요, 지식은 끊임없이 향상되고 도전받고, 늘어나야 합니다.

그렇지 않으면 사라집니다.

_ 피터 드러커(미국 경영학자)

★ measure 측정하다   in relation to ~에 관련하여   data 자료,데이터

★★ 문장 연습 ★★

1) To be effective, you must prioritize your tasks and manage your time well.
효과적이기 위해서는 우선순위를 정하고 시간을 잘 관리해야 합니다.

2) To be effective, you must embrace feedback and use it to improve.
효과적이기 위해서는 피드백을 받아들이고 그것을 개선에 활용해야 합니다.

3) To be effective, you must communicate clearly and listen actively.
효과적이기 위해서는 명확하게 의사소통하고 적극적으로 경청해야 합니다.

Field 경기장

Put every ounce of energy you have on the field.

Leave nothing on the field.

And two, when you get knocked down, when you see
hard times and you get knocked down, get back up.

If you keep putting everything you've got into it and
you keep getting back up when you get knocked
down, it's almost impossible to fail.

_ Travis Kalanick

모든 에너지를 당신의 자리에 쏟아부어야 합니다.

자신의 역할에 모든 것을 다 하세요.

그리고 두 번째로, 어려운 시기를 맞이하고 넘어지더라도 다시 일어나세요.

만약 계속해서 가진 모든 것을 쏟아붓고

넘어졌을 때마다 일어날 수 있다면

실패하는 것은 거의 불가능합니다.

_ 트래비스 칼라닉(미국 기업인, 우버 창립자)

★ field 경기장, 분야, 들판   get back up 다시 일어나다

★★ 문장 연습 ★★

1) It's almost impossible to **avoid traffic on weekends.**
   주말에는 교통 체증을 피하는 것이 거의 불가능합니다.

2) It's almost impossible to **get a refund without a receipt.**
   영수증 없이 환불받는 것은 거의 불가능합니다.

3) It's almost impossible to **get through the day without coffee.**
   커피 없이 하루를 보내는 것은 거의 불가능합니다.

Beyond 저너머

If you always put a limit on everything you do,

physical or anything else,

it will spread into your work and into your life.

There are no limits.

There are only plateaus, and you must not stay there,

you must go beyond them.

_ Bruce Lee

육체적으로든, 다른 어떤 것이든 당신이 하는 모든 일에 한계를 둔다면,
그것은 당신의 일과 삶에도 영향을 미칠 것입니다.
한계는 없습니다.
단지 정체된 상태만 있을 뿐이라도 거기에 머물러서는 안 됩니다.
더 나아가야 합니다.
_ 브루스 리(이소룡, 영화배우)

★ **physical** 육체의   **plateau** 정체기, 고원   **beyond** ~을 넘어서, ~이상의

★★ 문장 연습 ★★

1) There are no **excuses for not giving your best.**
   최선을 다하지 않은 것에 대한 변명은 없습니다.

2) There are no **shortcuts to building trust.**
   신뢰를 쌓는 데 지름길은 없습니다.

3) There are no **guarantees in life, but you can make the most of every moment.**
   인생에 보장은 없지만, 매 순간을 최대로 활용할 수 있습니다.

Solution 해결책

When I step onto the court, I don't have to think
about anything.
If I have a problem off the court, I find that after
I play, my mind is clearer and I can come up with
a better solution.
It's like therapy.
It relaxes me and allows me to solve problems.

_ Michael Jordan

코트에 들어서면, 아무것도 생각할 필요가 없습니다.
코트 밖에 문제가 있더라도 경기를 하고 나면 내 마음이 더 맑아지고 더 나은 해결책을
찾을 수 있다는 것을 깨닫습니다.
그것은 마치 치료와 같습니다.
나를 편안하게 해주고 문제를 해결할 수 있게 해줍니다.
_ 마이클 조던(미국 농구선수)

★ **solution** 해결책　**therapy** 치료　**relax** 편안하게 하다, 긴장을 풀다

★★ 문장 연습 ★★

1) It's like therapy to read a good book.
좋은 책을 읽는 것은 마치 치료와 같습니다.

2) It's like therapy when I take a bath after a long day.
긴 하루를 마친 후 샤워하는 것은 마치 치료와 같습니다.

3) It's like therapy when I listen to my favorite songs.
좋아하는 노래를 듣는 것은 마치 치료와 같습니다.

Influence 영향

I went on the courts with a ball, a racket and hopes.

That's all I had.

It's inspiring for all of you out there that want to do

something and want to be the best that you can be

and want to do the best that you can do.

Never give up

because you never know what can happen and who

you can inspire, and who you can influence.

_ Serena Williams

나는 공과 라켓, 그리고 희망만 가지고 코트에 나갔습니다.

그게 내가 가진 전부였습니다.

무언가를 이루고 싶고, 최고의 자신이 되고 싶고, 자신이 할 수 있는 최선을 다하고 싶은

여러분에게 영감을 줄 수 있을 것입니다.

절대 포기하지 마세요.

왜냐하면 어떤 일이 일어날지, 누구에게 영감을 주거나

영향을 미칠지 알 수 없기 때문입니다.

_ 세레나 윌리엄스(미국 테니스 선수)

★ racket 라켓   inspire 영감을 주다   influence 영향, 영향을 주다

★★ 문장 연습 ★★

1) It's inspiring to watch **athletes push their limits.**
운동선수들이 자신의 한계를 넘어서는 모습을 보는 것은 영감을 줍니다.

2) It's inspiring to watch **artists express themselves through their work.**
예술가들이 자신을 작품으로 표현하는 모습을 보는 것은 영감을 줍니다.

3) It's inspiring to watch **scientists who make groundbreaking discoveries.**
혁신적인 발견을 하는 과학자들을 보는 것은 영감을 줍니다.

Discipline 규율

It requires discipline, hard work, and determination.

Mostly, it requires self—belief because, like me, some people might not believe in you.

For this reason, you have to believe in you, and sometimes you're gonna be your own cheerleader.

You have to be your biggest and your best cheerleader.

Always support who you are.

_ Serena Williams

규율과 노력, 결단력이 필요합니다.

대체로 자기 자신에 대한 믿음이 필요합니다. 왜냐하면, 나의 경우처럼 어떤 사람들은 당신을 믿지 않을 수도 있기 때문입니다.

이런 이유로 당신은 스스로를 믿고, 응원해야 합니다.

당신은 가장 큰, 최고의 응원자가 되어야 합니다.

항상 자신을 지지하세요.

_ 세레나 윌리엄스(미국 테니스 선수)

★ **discipline** 규율 **self-belief** 자기 신뢰 **athlete** 운동선수

★★ 문장 연습 ★★

1) Always support who you are, no matter the challenges.
도전이 있더라도 항상 자신을 지지하세요.

2) Always support who you are, and stay strong.
항상 자신을 지지하고, 강하게 버티세요.

3) Always support who you are, and trust your journey.
당신의 여정을 믿고 항상 자신을 지지하세요.

Advice 조언

The ability to make decisions and to learn from them
has been key for me.
If I had to give advice to my younger self,
it would be to believe in yourself
and know that you have everything you need
to succeed.

_ Serena Williams

결정을 내리고 그로부터 배우는 능력이 나의 중요한 열쇠였습니다.
어린 시절의 나에게 조언해야 한다면, 자신을 믿어야 하고,
성공하기 위해 필요한 모든 것은이미 가지고 있다는 걸 알라고 말하고 싶습니다.
_ 세레나 윌리엄스(미국 테니스 선수)

★ key 열쇠   advice 조언, 충고   succeed 성공하다, 성취하다

★★ 문장 연습 ★★

1) You have everything you need to **grow and improve.**
   당신은 성장하고 발전하기 위해 필요한 모든 것을 가지고 있습니다.

2) You have everything you need to **make your dreams come true.**
   당신은 꿈을 이루기 위해 필요한 모든 것을 가지고 있습니다.

3) You have everything you need to **take the first step.**
   당신은 첫 번째 걸음을 내딛기 위해 필요한 모든 것을 가지고 있습니다.

색깔에 대한 흥미로운 영어 이야기들

1. Red

빨간색은 고대부터 왕족과 신성을 상징하는 색으로 사용되었다. 고대 영어에서 'read'로 사용되었으며, 라틴어 'ruber'에서 유래했다.

Scarlet 스칼렛

어원 라틴어 'scarlatum'에서 유래했으며, 원래 고급스러운 옷감의 색을 나타냈다.

색상 밝고 선명한 빨간색으로, 조금 더 주황색이 섞인 붉은 색상이다.

특징 따뜻한 색조를 가지고 있으며, 열정적이고 강렬한 느낌을 준다.

Burgundy 버건디

어원 프랑스의 부르고뉴(Burgundy) 지역에서 유래했으며, 이 지역에서 나는 붉은 와인의 색에서 따왔다.

색상 차분하고 어두운 빨간색으로, 보라색과 갈색이 섞인 색상이다.

특징 와인색 또는 적포도주색으로도 알려져 있으며, 우아한 느낌을 준다.

2. Blue

고대에는 파란색 염료가 귀해 귀족만 사용할 수 있었다. 고대 영어에서 'blaw' 또는 'blēo'로 사용되었으며, 라틴어 'blavus'에서 유래했다.

Navy Blue 네이비 블루

어원 'Navy'는 라틴어 'navis'에서 유래했으며, '배'나 '해군'을 뜻한다.

해군 제복에서 유래한 색상으로, 깊은 파란색을 의미한다.

색상 짙은 파란색, 검정에 가까운 어두운 파란색이다.

특징 군복이나 공식적인 환경에서 사용되는 색상으로 신뢰감, 권위, 안정감을 상징한다.

Royal Blue 로열 블루

어원 'Royal'은 라틴어 'regalis'에서 유래했으며, '왕실'이라는 뜻이다. 이 색은 역사적으로 왕족과 고위 계층에서 선호했던 색상으로, 왕실과 관련이 있다.

색상 선명하고 밝은 파란색이다.

특징 고귀함, 권위, 자신감을 나타내며, 세련되고 귀족적인 분위기를 준다.

3. Green

자연과 성장을 나타내는 초록색은 고대 영어에서 'grēne'로 사용되었으며, 게르만어계에서 유래했다.

Olive Green 올리브 그린

어원 'Olive'는 라틴어 'oliva'에서 유래했으며, 올리브 나무와 그 열매에서 따왔다.

색상 회색과 갈색이 섞인 어두운 그린 색상이다.

특징 자연적이고 부드러운 느낌을 준다.

Forest Green 포레스트 그린

어원 'Forest'는 고대 프랑스어 'forêt'에서 유래했으며, 숲을 의미하는 단어이다. 숲에서 보이는 짙은 초록색을 나타낸다.

색상 어두운 초록색으로, 깊은 숲의 색을 떠올리게 한다.

특징 신뢰, 안정성을 나타내며, 차분한 느낌을 준다.

4. Yellow

기쁨과 활력을 의미하지만 때로는 경고의 색으로 사용되는 노란색은 고대 영어에서 'geolu'로 사용되었으며, 인도유럽어 'ghel'에서 유래했다.

Mustard 머스터드

어원 'Mustard'는 라틴어 'mustum'에서 유래했으며, '새로운' 또는 '즙'을 의미한다. 이는 머스터드 씨앗에서 추출된 맛을 의미하며, 색상은 이 씨앗의 노란색에서 유래했다.

색상 깊고 따뜻한 노란색이다. 붉은 기운이 섞여 있으며, 풍부하고 약간 갈색이 도는 색조를 가지고 있다.

특징 따뜻하고 편안한 느낌을 주며, 고전적이고 우아한 인상을 준다.

Lemon 레몬

어원 'Lemon'은 아랍어 'laymūn'에서 유래했으며, 이는 '레몬'을 의미한다. 레몬의 신선한 노란색에서 유래했다.

색상 선명한 노란색으로, 상쾌하고 활기찬 느낌을 준다.

특징 상큼하고 신선한 느낌을 주며, 활동적이고 유쾌한 분위기를 만들어낸다.

5. Purple

라틴어 'purpura'에서 유래했으며, 고대 로마에서 귀족과 왕족의 의복에 사용되었던 보라색을 의미한다. 'Purpura'는 보라색 염료를 얻는 데 사용되던 '퍼프'라는 조개에서 유래했다.

Violet 바이올렛

어원 'Violet'은 라틴어 'viola'에서 유래했으며, '제비꽃'을 의미한다.

색상 보라색 중에서도 파란색에 가까운 색조로, 푸른 기운이 강조된 보라색이다. 비교적 차가운 색조로, 파란색과 보라색이 섞인 느낌을 준다.

특징 차분하고 신비로운 느낌으로 예술과 문학에서 신비주의적 성격을 표현할 때 자주 사용된다.

Lavender 라벤더

어원 라벤더는 라틴어 'lavare'에서 유래했으며, '씻다'는 뜻을 가지고 있다. 라벤더 꽃의 세정 효과나
청결함을 나타내기 위해 사용되었을 가능성이 있다.

색상 연한 보라색으로, 파란색과 분홍색이 섞인 부드러운 색조다. 매우 밝고 부드러운 느낌이며, 때
로는 옅은 회색빛이 섞여 있는 경우도 있다.

특징 휴식과 진정 효과를 준다.

6. White

고대 영어에서 'hwita'로 사용되었으며, 인도유럽어 'kwīt-'에서 유래했다.

Ivory 아이보리

어원 'Ivory'는 '상아'에서 유래한 이름으로, 상아색과 비슷한 부드러운 흰색을 의미한다. 고대 이집트,
그리스 등에서 상아는 귀한 자원이었기 때문에, 고급스러움과 우아함을 상징한다.

색상 하얀색에 약간의 노란색이나 크림색이 섞인 따뜻한 색조이다.

특징 부드러운 느낌을 주기 위해 사용된다.

Snow White 스노우 화이트

어원 'Snow White'는 눈을 떠올리게 하는 순백의 색상을 의미한다.

색상 매우 맑고 깨끗한 흰색이다.

특징 눈처럼 차가운 느낌을 줄 수 있다. 청결과 순수를 상징한다.

Pearl White 진주색

어원 진주에서 유래했으며, 진주의 자연스러운 빛깔에서 영감을 받았다.

색상 하얀색과 은은한 광택이 어우러져 반짝이는 느낌을 주는 색상이다.

특징 차분하고 세련된 분위기를 연출할 때 사용된다.

Reality 현실

Rooted in the present, a bold move toward the future.

Gracefully spreading your wings, while fiercely

padding beneath the surface.

Grateful for what you have, while ambitiously for

what's next.

Knowing the present is a gift, yet vividly envisioning

the beyond it.

Balancing hope with reality, navigating challenges

with resilience.

현재에 충실하면서도, 미래를 향해 대담하게 나아갑니다.
우아하게 날갯짓을 하면서도, 물속에서는 치열하게 헤엄칩니다.
누리는 것들에 감사하면서도, 다음을 향해 도달하려 합니다.
현재가 선물이라는 것을 알면서도, 그 너머의 비전을 생생히 그립니다.
희망과 현실을 조화시키며, 강인함으로 도전을 헤쳐 나갑니다.

★ bold 대담한   reality 현실   navigate 길을 찾다

★★ 문장 연습 ★★

1) Balancing hope with reality, you navigate through obstacles
   with determination.
   당신은 희망과 현실을 조화시키며, 장애물을 결단력으로 헤쳐 나갑니다.

2) Balancing hope with reality, you navigate through moments of doubt
   with faith.
   당신은 희망과 현실을 조화시키며, 의심의 순간들을 믿음으로 헤쳐 나갑니다.

3) Balancing hope with reality, you navigate through change with optimism.
   당신은 희망과 현실을 조화시키며, 변화를 낙관적으로 헤쳐 나갑니다.

Others 사람들

Develop your own routine while pursuing personal growth.

And collaborate with those who positively influence each other's visions.

This will boost creativity and innovation.

You can seek advice from experienced peers or professional mentors.

Through this, you can develop your ability to help others.

개인의 성장을 향해 나아가며 자신만의 루틴을 개발하세요.
또한 서로의 비전에 긍정적인 영향을 주는 이들과 협력하세요.
이는 창의성과 혁신을 높여줄 것입니다.
경험이 풍부한 동료나 전문가에게 조언을 구해 보세요.
이를 통해 다른 이들을 돕는 능력을 발전시킬 수 있습니다.

★ collaborate 협력하다　seek 찾다, 구하다　peer 또래, 동료

Date. . . .

★★ 문장 연습 ★★

1) Develop your own routine while learning from your mistakes.
실수에서 배우며 자신만의 루틴을 개발하세요.

2) Develop your own routine while fostering a positive mindset.
긍정적인 사고방식을 키우며 자신만의 루틴을 개발하세요.

3) Develop your own routine while maintaining focus on your goals.
목표에 집중하며 자신만의 루틴을 개발하세요.

Sleep 수면

You can reflect on the day's experiences before going to sleep.

Getting quality sleep is essential for working toward your goals.

It restores your energy and prepares you for the challenges ahead.

A restful night helps you wake up feeling refreshed.

With each new day, you'll encounter a better tomorrow and the opportunity to improve yourself.

하루의 경험을 잠들기 전에 되새길 수 있습니다.
양질의 수면은 원하는 비전을 향해 나아갈 수 있도록 내일을 준비하는 데 매우 중요합니다.
에너지를 회복시켜 새로운 도전에 대비할 수 있게 합니다.
편안한 수면은 상쾌한 상태로 일어나는 데 도움을 줍니다.
더 나은 내일을 맞이하며, 자기 개선을 위한 노력을 계속해 나가게 될 것입니다.

★ quality 질 좋은   restful 휴식을 주는   encounter 만남

★★ 문장 연습 ★★

1) You can reflect on the day's **achievements** before sleep.
하루의 성과를 잠들기 전에 되돌아볼 수 있습니다.

2) You can reflect on the day's **lessons** before sleep.
하루의 교훈을 잠들기 전에 되새길 수 있습니다.

3) You can reflect on the day's **emotions** before sleep.
하루 동안 느낀 감정을 잠들기 전에 되새길 수 있습니다.

Today 오늘

As you look in the mirror, tell yourself, "I am strong and capable."

Commit to approaching the day with confidence.

In the shower, wash away your anxiety and fears.

Today is a new day for the person you want to be and dream of.

You will be grateful for the chance to work toward that, making it a precious day.

거울을 보며 "나는 강하고 능력이 있다"고 말하세요.

자신감을 가지고 하루를 시작하겠다고 다짐하세요.

샤워를 하며 불안과 두려움을 씻어내세요.

오늘은 당신이 원하고 꿈꾸던 당신을 위한 새로운 날입니다.

노력할 수 있어 감사하고 소중한 하루가 될 것입니다.

★ **capable** 유능한 **approach** 접근하다, 다루다 **anxiety** 불안감, 걱정, 긴장

★★ 문장 연습 ★★

1) Today is a new day for **positive change and growth.**
오늘은 긍정적인 변화와 성장을 위한 날입니다.

2) Today is a new day for **you to take one step closer to your dreams.**
오늘은 당신의 꿈에 한 걸음 더 다가갈 수 있는 날입니다.

3) Today is a new day for **you to be grateful for what you have
and where you are.**
오늘은 당신이 가진 것과 있는 곳에 감사하는 마음을 가질 수 있는 날입니다.

Story 이야기

What genre does your life story belong to?

What kind of characters and backgrounds will you encounter along the way?

What will that story reveal and make you feel?

Even when inevitable conflicts and problems arise, don't lose sight of the central theme that your story holds.

Because the main character of this one-of-a-kind story is none other than you.

당신의 인생은 어떠한 장르의 이야기인가요?

그 속에서 만나게 되는 인물과 거쳐가는 배경들은 어떤 모습일까요?

그 이야기가 당신에게 무엇을 드러내고 느끼게 할까요?

필연적인 갈등과 문제가 닥치더라도 당신의 이야기만이 가진 주제를 잃지 마세요.

이 하나뿐인 이야기의 주인공은 바로 당신이니까요.

★ genre 장르　character 등장인물　background 배경

Date.   .   .   .

★★ 문장 연습 ★★

1) What kind of **adventures will you** have?
   어떤 모험을 하게 될까요?

2) What kind of **memories will you** experience?
   어떤 추억들을 경험하게 될까요?

3) What kind of **dreams will you make** come true?
   어떤 꿈을 현실로 만들게 될까요?

Book 책

All people's lives are often compared to a book.

Does your revised edition reflect a stronger version of yourself?

The cover design has likely changed, and new chapters have been added.

Think about what your favorite subtitle might be.

Consider who you would want to give the newly signed edition to first.

모든 사람들의 인생은 한 권의 책에 비유되곤 합니다.

당신의 개정판은 더욱 강한 모습을 담고 있나요?

표지 디자인은 아마 바뀌었을 것이고, 새로운 챕터들이 추가되었을 것입니다.

가장 마음에 드는 소제목은 무엇일지 생각해 보세요.

새로 사인한 개정판을 누구에게 먼저 주고 싶을지 생각해 보세요.

★ **revised** 개정된　**chapter** 챕터, 장　**subtitle** 소제목, 부제목

★★ 문장 연습 ★★

1) **All people's lives are often compared to a canvas, waiting to be painted with experiences.**
모든 사람들의 인생은 캔버스에 비유되곤 합니다. 경험들로 그려지기를 기다리고 있죠.

2) **All people's lives are often compared to a puzzle, with pieces coming together over time.**
모든 사람들의 인생은 퍼즐에 비유되곤 합니다. 시간이 지나며 조각들이 맞춰집니다.

3) **All people's lives are often compared to a journey, with many twists and turns along the way.**
모든 사람들의 인생은 여행에 비유되곤 합니다. 그 길에는 많은 우여곡절이 있습니다.

Value 가치

Clarify your values more clearly.

Only a vision that reflects those values will motivate you.

What do you envision for yourself in 3 months, 6 months, and 5 years?

If you value continuous growth, be prepared to learn new things constantly.

If you want to create memories you can cherish along the way, envision a future that allows for abundant time.

당신의 가치관을 더 명확하게 정립하세요.

그 가치관을 반영한 비전만이 당신에게 진정한 동기를 부여할 것입니다.

3개월, 6개월, 나아가 5년 후에 당신은 어떤 모습일까요?

지속적인 성장을 중시한다면, 늘 새로운 것을 배우려는 자세를 유지하세요.

소중한 추억을 쌓고 싶다면, 여유 있는 시간을 허락하는 미래를 그려 보세요.

★ clarify 명확히 하다   cherish 소중히 여기다   abundant 풍부한, 충분한

★★ 문장 연습 ★★

1) Clarify your **thoughts before making an important decision.**
중요한 결정을 내리기 전에 생각을 명확히 하세요.

2) Clarify your **priorities to stay focused and productive.**
집중력과 생산성을 유지하기 위해 우선순위를 명확히 하세요.

3) Clarify your **communication to avoid misunderstandings.**
오해를 피하기 위해 의사소통을 명확히 하세요.

Present 현재

Everyone knows that time will never wait for us.

Even the clock that seems to never stop for a minute

or a second has its limits.

The positive focus of the present already knows what

is to come.

Only the efforts you make now are already shaping

your future.

시간은 절대 우리를 기다려주지 않는다는 것을 모두가 알고 있습니다.

1분 1초도 멈추지 않는 것처럼 보이는 시계에도 한계가 있습니다.

현재에 집중하는 긍정적인 에너지는 이미 다가올 성취를 알고 있습니다.

지금 하는 노력만이 이미 당신의 미래를 만들어가고 있습니다.

★ minute 분 second 초 effort 노력

★★ 문장 연습 ★★

1) Everyone knows that time will tell the truth.
모든 사람은 시간이 진실을 밝혀줄 것을 알고 있습니다.

2) Everyone knows that time will pass.
모든 사람은 시간이 지나갈 것이라는 것을 알고 있습니다.

3) Everyone knows that time will show us what truly matters.
모든 사람은 시간이 진짜 중요한 것을 보여줄 것을 알고 있습니다.

Direction 방향

Though a perfect future may not exist, a better one is always possible.

Persistent practice will help you become better than before.

This will make it impossible to neglect your efforts.

The more you act, the more clearly your goals will be refined, pointing you in the right direction.

완벽한 미래는 없지만, 더 나은 미래는 항상 가능합니다.
꾸준한 실천은 당신을 이전보다 더 나은 모습으로 이끌 것입니다.
이렇게 하면 더 이상 노력에 소홀할 수 없을 것입니다.
행동할수록 목표는 더욱 분명히 다듬어지고, 올바른 방향을 가리킬 것입니다.

★ exist 존재하다　persistent 꾸준한　direction 방향

★★ 문장 연습 ★★

1) Persistent practice will help you stay true to yourself.
지속적인 연습은 자신을 잃지 않게 해줄 것입니다.

2) Persistent practice will help you stay focused on the present.
지속적인 연습은 당신을 현재에 몰입하게 해줄 것입니다.

3) Persistent practice will protect your dreams.
지속적인 연습은 당신의 꿈을 지켜줄 것입니다.

Stage 단계

First, the seed stage: purchasing a writing practice book and starting the first chapter.

Second, the sprout stage: cultivating consistent habits of listening, reading, writing, and speaking.

Third, the stem stage: nurturing habits in the soil of courage.

Fourth, the blooming stage: blooming with a sense of achievement as you approach the goal of completing a writing book.

Fifth, the fruiting stage: congratulations on completing your writing practice book!

첫째, 씨앗 단계 : 영어 필사 책을 구매하고 첫 번째 챕터를 시작하기.

둘째, 새싹 단계 : 듣기, 읽기, 쓰기, 말하기의 꾸준한 습관 기르기.

셋째, 줄기 단계 : 용기라는 토양에 습관을 뿌리며 기르기.

넷째, 꽃 피우는 단계 : 한 권 필사 목표 완수에 다가가며 성취감으로 피어나기.

다섯째, 열매를 맺는 단계 : 한 권의 필사를 마친 것을 축하드립니다!

★ seed 씨앗 soil 토양, 흙 congratulation 축하

★★ 문장 연습 ★★

1) Congratulations on **your promotion!**
   승진을 축하합니다!

2) Congratulations on **finishing the project!**
   프로젝트 마무리를 축하합니다!

3) Congratulations on **hitting your sales target!**
   판매 목표 달성을 축하합니다!

Growth 성장

As you complete this book, I hope you continue practicing consistently to strengthen your skills.

With every word you write, may you grow stronger and more confident.

Through this process, may you discover the power and clarity of your words.

The setbacks and failures along the way have been stepping stones for your growth.

May this challenge become a meaningful part of your personal growth.

이 책을 마친 후에도 꾸준히 필사 연습을 이어가며 실력을 더욱 향상시키길 바랍니다.

쓰는 글마다 점점 더 강해지고 자신감을 더해가기를 바랍니다.

이 과정을 통해 당신의 언어의 힘과 명확성을 새롭게 깨닫기를 바랍니다.

이 과정에서 겪은 좌절과 실패는 당신의 성장을 위한 디딤돌이 되었을 것입니다.

이 도전이 당신의 의미 있는 성장의 한 부분이 되었기를 바랍니다.

★ setback 좌절   stepping stone 디딤돌   challenge 도전

★★ 문장 연습 ★★

1) May this challenge become **an opportunity for you to discover new strengths within yourself.**
이 도전이 당신 내면의 새로운 강점을 발견할 기회가 되기를 바랍니다.

2) May this challenge become **a source of strength and inspiration for you.**
이 도전이 당신에게 힘과 영감의 원천이 되기를 바랍니다.

3) May this challenge become **the stepping stone that leads you to greater success.**
이 도전이 당신을 더 큰 성공으로 이끄는 디딤돌이 되기를 바랍니다.

Vision 비전

Vision is the ability to see the potential in things,
and if you can see it, you can create it.
All our dreams can come true if we have the courage
to pursue them.

_ Walt Disney

비전은 사물에서 가능성을 보는 능력입니다.
만약 당신이 그것을 볼 수 있다면, 그것을 창조할 수 있습니다.
우리가 추구할 용기가 있다면 모든 꿈은 이루어질 수 있습니다.
_ 월트 디즈니(미국 기업인, 디즈니 창업자)

★ ability 능력   potential 가능성   courage 용기

★★ 문장 연습 ★★

1) Vision is the ability to **seize opportunities at the right time.**
비전은 기회를 적절한 시기에 활용할 수 있는 능력입니다.

2) Vision is the ability to **set goals and stay committed to them.**
비전은 목표를 설정하고 그것을 향해 꾸준히 나아가는 능력입니다.

3) Vision is the ability to **see your potential and take steps toward it.**
비전은 자신의 잠재력을 보고 그것을 향해 나아가는 능력입니다.

Action 행동

You can't just sit back and wait for your dreams to come true.

You have to take action, make sacrifices, and work hard.

If you can dream it, you can do it.

Your vision is a roadmap, guiding you through challenges, showing you what is possible when you believe in yourself and your dreams.

_ Walt Disney

그저 앉아서 꿈이 이루어지기를 기다릴 수는 없습니다.
행동을 취하고, 희생하며, 열심히 일해야 합니다.
당신이 그것을 꿈꿀 수 있다면, 할 수 있습니다.
당신의 비전은 도전을 통해 길을 안내하고, 자신과 꿈을 믿을 때
가능한 것을 보여주는 로드맵입니다.
_ 월트 디즈니(미국 기업인, 디즈니 창업자)

★ action 행동   sacrifice 희생   vision 비전

★★ 문장 연습 ★★

1) You have to **believe in yourself, push through obstacles, and keep learning.**
   자신을 믿고, 장애물을 극복하며, 계속 배워야 합니다.

2) You have to **face challenges, embrace failure, and keep moving forward.**
   도전에 맞서고, 실패를 받아들이며, 계속 나아가야 합니다.

3) You have to **take risks, put in the effort, and stay persistent.**
   위험을 감수하고, 노력하며, 끈질기게 해야 합니다.

Leader 리더

Without vision, people can fall into confusion.

A true leader clarifies their vision

and shares it to inspire others.

Vision is the North Star that guides us forward.

_ Nelson Mandela

비전이 없으면 사람들은 혼란에 빠질 수 있습니다.

진정한 리더는 자신의 비전을 명확히 하고

이를 통해 다른 이들에게 영감을 줍니다.

비전은 우리를 앞으로 나아가게 하는 북극성입니다.

_ 넬슨 만델라(남아프리카공화국 전 대통령)

★ fall into ~에 빠지다   confusion 혼란   clarify 명확히 하다

Date.   .   .   .

 ★★ 문장 연습 ★★

1) A true leader **listens to their team.**
진정한 리더는 다른 이들의 의견을 듣습니다.

2) A true leader **respects other's opinions.**
진정한 리더는 다른 사람들의 의견을 존중합니다.

3) A true leader **helps others grow.**
진정한 리더는 다른 사람들이 성장하도록 돕습니다.

Map 지도

Vision is like a map that shows us who we want to become.

Without vision, we can easily lose our way and lack clarity in our life goals.

A true leader clarifies their vision and unites people around it.

_ Steve Jobs

비전은 우리가 어떤 사람이 되고자 하는지를 보여주는 지도와 같습니다.

비전이 없다면 우리는 길을 잃기 쉽고, 삶의 목표도 분명하지 않습니다.

진정한 리더는 자신의 비전을 명확히 하고, 그 비전을 통해 사람들을 하나로 모읍니다.

_ 스티브 잡스(미국 기업인, 애플 창업자)

★ map 지도   lack 부족   around 주위에

★★ 문장 연습 ★★

1) Vision is like a map that allows us to visualize our dreams.
비전은 우리가 꿈을 시각화하게 해주는 지도와 같습니다.

2) Vision is like a map that guides us through difficult decisions.
비전은 우리가 어려운 결정을 내릴 때 길잡이가 되는 지도와 같습니다.

3) Vision is like a map that helps us navigate through the uncertainty of life.
비전은 인생의 불확실성을 헤쳐 나가는 데 도움이 되는 지도와 같습니다.

Change 변화

The best way to predict the future is to create it.

Having a clear vision not only helps you define what you want

but also motivates you to take the necessary steps to achieve it.

It is through our vision that we are inspired to act and bring about change in our lives and the lives of others.

_ Peter Drucker

미래를 예측하는 가장 좋은 방법은 그것을 창조하는 것입니다.
명확한 비전을 가지면 원하는 것을 정의하는 데 도움을 줄 뿐만 아니라,
그것을 달성하기 위해 필요한 단계들을 밟도록 동기를 부여합니다.
비전을 통해 우리는 행동하도록 영감을 얻고,
우리의 삶과 다른 사람들의 삶은 변화합니다.
_ 피터 드러커(미국 경영학자)

★ **predict** 예측하다   **create** 창조하다   **define** 정의하다

★★ 문장 연습 ★★

1) The best way to predict the future is to **focus on what you can control.**
미래를 예측하는 가장 좋은 방법은 자신이 통제할 수 있는 것에 집중하는 것입니다.

2) The best way to predict the future is to **make smart choices today.**
미래를 예측하는 가장 좋은 방법은 오늘 현명한 선택을 하는 것입니다.

3) The best way to predict the future is to **innovate and adapt to change.**
미래를 예측하는 가장 좋은 방법은 혁신하고 변화에 적응하는 것입니다.

Blueprint 청사진

Vision is not just a dream.

It's a blueprint that includes all the steps needed to

achieve your goals.

When you have a vision, you gain the strength to

persevere through any challenges.

Ultimately, your vision will guide you and illuminate

the path to success.

_ Oprah Winfrey

비전은 단순한 꿈이 아닙니다.

그것은 목표를 달성하는 데 필요한 모든 단계를 포함하는 청사진입니다.

비전을 가지고 있으면, 어떤 어려움이 와도 포기하지 않을 수 있는 힘을 얻습니다.

결국, 비전이 당신을 이끌어줄 것이며, 성공으로 가는 길을 밝혀줄 것입니다.

_ 오프라 윈프리(미국 방송인)

★ blueprint 청사진   ultimately 궁극적으로, 결국   illuminate 밝혀주다

★★ 문장 연습 ★★

1) When you have a vision, you gain the patience to wait for the right moment.
비전이 있으면 적절한 순간을 기다리는 인내심을 얻을 수 있습니다.

2) When you have a vision, you gain the courage to take risks.
비전이 있으면 위험을 감수할 용기를 얻을 수 있습니다.

3) When you have a vision, you gain confidence in your decisions.
비전이 있으면 결정을 내리는 자신감을 얻을 수 있습니다.

World 세상

The challenge for our generation is to create a world where everyone has a sense of purpose.

Purpose is that feeling that you are a part of something bigger than yourself,

that you are needed, that you have something better ahead to work for.

Purpose is what creates true happiness.

_ Mark Zuckerberg

우리 세대의 도전 과제는 모든 사람이 목적 의식을 가지는 세상을 만드는 것입니다.
목적이란 당신이 더 큰 무언가의 일부라는 느낌입니다.
당신이 필요한 존재이며
해낼 수 있는 더 나은 무언가를 가지고 있다는 느낌입니다.
목적은 진정한 행복을 만들어낼 것입니다.
_ 마크 저커버그(미국 기업인, 메타 회장)

★ generation 세대   sense of purpose 목적 의식   ahead 앞에, 앞으로

★★ 문장 연습 ★★

1) Purpose is what fuels passion and inspires us to take action.
   목적은 열정을 불러일으키고 우리가 행동하도록 영감을 줍니다.

2) Purpose is what gives our lives meaning and helps us stay focused on our goals.
   목적은 우리 삶에 의미를 부여해줍니다.

3) Purpose is what helps us stay focused on our goals.
   목적은 우리가 목표에 집중할 수 있게 돕습니다.

Purpose 목적

We often don't take on big things

because we're afraid of making mistakes

that we ignore all the things wrong today if we do

nothing.

Let's do big things, not just to create process but to

create purpose.

_ Mark Zuckerberg

우리가 큰 도전을 시도하지 않는 이유는

실수를 두려워하기 때문입니다.

하지만 아무것도 하지 않는 것은 오늘의 잘못된 점들을 무시하는 것과 같습니다.

큰 도전을 해내어, 단순히 절차가 아닌 목적을 만들어 봅시다.

_ 마크 저커버그(미국 기업인, 메타 회장)

★ **be afraid of** ~을 두려워하다　**ignore** 무시하다　**process** 과정

Date.   · · ·

★★ 문장 연습 ★★

1) Let's do more than just talk about it, let's take action.
그냥 말만 하지 말고, 행동으로 옮겨 봅시다.

2) Let's do our best to make a difference.
변화를 만들기 위해 최선을 다합시다.

3) Let's do what we love and love what we do.
우리가 사랑하는 일을 하고, 우리가 하는 일을 사랑합시다.

223

Ideas 아이디어

Let me tell you a secret.

No one knows what they're doing when they begin.

Ideas don't come out fully formed,

they only become clear as you work on them.

You just have to get started.

_ Mark Zuckerberg

비밀을 하나 말씀드리겠습니다.

처음 시작할 때는 누구도 자신이 무엇을 하고 있는지 모릅니다.

아이디어는 처음부터 완벽하게 나오지 않으며,

일을 진행하면서 점차 명확해집니다.

먼저 시작부터 해보세요!

_ 마크 저커버그(미국 기업인, 메타 회장)

★ fully 완전히   formed 형성된, 만들어진   clear 분명한

★★ 문장 연습 ★★

1) You just have to stay focused on your goals to see results.
결과를 보려면 목표에 집중해야 합니다.

2) You just have to step out of your comfort zone to grow.
성장하려면 편안한 영역에서 벗어나야 합니다.

3) You just have to trust the process and stay patient.
과정을 믿고 인내심을 가져야 합니다.

그리스어 알파벳에서 유래한 단어들

1. 알파 Alpha

그리스어의 첫 번째 문자인 '알파'는 '첫 번째' 또는 '시작'을 상징하는 단어로, 주로 '가장 중요한' 또는 '최고의'라는 뜻으로 쓰인다. 리더십, 주도성 그리고 우위를 나타낸다.

2. 베타 Beta

베타는 그리스어에서 '알파' 다음에 오는 두 번째 글자로, 전통적으로 두 번째 중요성을 나타낸다. 보통 알파 뒤의 순위에 있는 사람이나 역할을 뜻한다.

3. 감마 Gamma

감마는 그리스어에서 '알파'와 '베타' 다음에 오는 세 번째 글자로, 종종 중간 정도의 중요성이나 역할을 의미한다. 특정 조직 내에서 중간급 역할을 하는 사람이나 위치를 나타낼 때 사용된다.

4. 델타 Delta

그리스어에서 네 번째 문자인 델타는 수학에서 변화나 차이를 나타내는 기호로도 사용된다. 변화와 적응을 상징하는 단어이기도 하다.

5. 오메가 Omega

그리스어에서 마지막 문자. '알파'와 대조되는 개념으로, 끝이나 결말을 나타낸다. '마지막', 또는 '완성'을 상징하는 단어로 사용된다.

6. 메타 Meta

그리스어에서 '너머', '이후'를 의미하는 접두어. '초월하다' 또는 '변화하다'는 뜻을 가지고 있다. 일반적으로 어떤 주제나 범위를 넘어서, 보다 높은 차원의 분석이나 사고를 할 때 사용된다.

7. 시그마 Sigma

그리스어에서 'S'와 같은 형태의 문자를 나타낸다. 수학적으로도 사용되며, 합산을 나타내는 기호로 널리 알려져 있다. '숨겨진' 또는 '자신만의 길을 가는 사람'을 뜻한다.

"We did it!"